從搖籃曲到幼兒文學

零歲到三歲的孩子與故事

From Lullabies to Literature
Stories in the Lives of Infants and Toddlers

Jennifer Birckmayer、Anne Kennedy、Anne Stonehouse◎著

葉嘉青◎編譯

From Lullabies to Literature

Stories in the Lives of Infants and Toddlers

Jennifer Birckmayer,
Anne Kennedy,
and Anne Stonehouse

目　錄

CHAPTER

1 為什麼故事很重要？／ 001
故事帶給嬰兒與學步兒歡樂與益處

CHAPTER

2 小小孩／ 015
典型的能力與發展

CHAPTER

3 分享口頭的語言／ 029
聲音、談話、說故事、語言遊戲

CHAPTER

4 書籍的特殊角色／051
蒐集各種故事分享

CHAPTER

5 有效地運用故事／091
說、讀、展示

作者簡介

我們三位作者都來自不同的地方，但我們一同分享了有關照顧孩子，以及喜愛和嬰兒與學步兒作伴的大量專業與個人經驗。或許你可以說，我們對於小小孩傑出的能力，以及他們學習認識自己與認識世界的熱忱充滿了熱情。作為在專業領域與個人生活中的讀者和說故事者，我們也分享了對於故事與說故事的熱情和濃厚的興趣。我們的工作都與兒童服務的領域相關，在美國和澳洲的專科與大學，擔任訓練幼兒照顧者的工作。自然而然地，我們逐漸從與我們一起工作的認真老師、孩子照顧者、學生、父母，以及孩子身上學習良多。

珍妮佛・柏莉克梅爾（Jennifer Birckmayer）在這個領域工作超過四十年，她是幼教教育學者、演講者、講師，以及作者，最近才從美國紐約康乃爾大學人類發展學系的資深推廣工作崗位上退休。她目前擔任未來圖書館、家庭圖書館，以及美國紐約州立大學幼兒期訓練策略團體的諮商與訓練工作。她發表了許多著作，包括與威斯頓朵芙（B. J. Westendorf）合著的《閱讀起步走》（*Bookstart*），以及《自我管理》（*Discipline Is Not a Dirty Word*）。

安妮・甘迺迪（Anne Kennedy）在幼教領域工作超過三十年，曾任老師、托育中心主任，也曾在澳洲墨爾本的摩納許大學擔任訓練老師的教育專家。甘迺迪博士的研究與出版作品，主要焦點放在幼教倫理與早期讀寫能力方面。她目前擔任維多利亞社區托育中心的主持人，該中心代理社區的兒童服務，項目包括全天托育、家庭托育，以及課後照顧。

安妮‧史東郝思（Anne Stonehouse）在美國與澳洲的幼教領域均具有領導者的地位。她在此一領域工作超過三十五年，曾擔任訓練者、學者、諮商者、會議演講者，以及作者。她有多本著作，包括與格林曼（J. Greenman）和史維克（G. Schweikert）合著的《黃金時代》（*Prime Times*），以及與高蕾莉—梅娜（J. Gonzalez-Mena）合著的《製造連結》（*Making Links*）。她在一九九九年獲頒澳大利亞勳章，這項榮譽表彰了她對澳洲與其他各地在幼教方面的傑出貢獻。

編譯者簡介

◆ 葉嘉青 ◆

教育背景

- ◆ 美國紐約哥倫比亞大學教育碩士
- ◆ 美國加州大學教育博士班研究

現任

- ◆ 台北市立教育大學幼教系、輔仁大學兒童與家庭學系兼任講師
- ◆ 台灣 Bookstart「閱讀起步走」推廣講師
- ◆ 台北市立圖書館「好書大家讀」圖畫書及幼兒讀物組評選委員
- ◆ 說故事志工媽媽

曾任

- ◆ 行政院文建會兒童文學推廣計畫講師
- ◆ 國家四技二專入學考試幼保科命題委員
- ◆ 經國管理暨健康學院幼保科專任講師
- ◆ 台南大學、空中大學、實踐大學兼任講師
- ◆ 台北市、台北縣幼稚園托兒所評鑑委員
- ◆ 行政院勞委會保母檢定評鑑委員
- ◆ 基督教青年會 YMCA 幼兒園主任
- ◆ 美國哥倫比亞大學醫學中心附設幼兒園教師
- ◆ 中華民國幼兒教育改革研究會總幹事

◆ 馬偕醫院小兒科護理師
◆ 美國惠氏藥廠暨幫寶適公司幼兒教養顧問

著作及編譯

◆《幼兒文學——零歲到八歲的孩子與繪本》、《因材施教：光譜計畫的經驗》、《托育機構經營與管理》、《家庭不只是家庭》、《零到六歲幼兒繪本的選擇與應用》、《台北市幼稚園教學與保育評鑑結果分析》、《零到三歲寶寶的語文遊戲》、《多元智能理論介入幼兒教育的方式》、《學校和兒童博物館的合作關係》等。

編譯者序

很高興能夠透過編譯,將《從搖籃曲到幼兒文學——零歲到三歲的孩子與故事》(*From Lullabies to Literature: Stories in the Lives of Infants and Toddlers*)介紹給喜歡並且看重與小小孩分享閱讀與故事的大朋友們。目前包括台灣在內的許多國家,都正積極推動從小閱讀與說故事的活動。根據英國在推廣全國「閱讀起步走」(Bookstart)計畫後所做的縱向與橫向研究顯示,越早參與閱讀與說故事活動的孩子,在各項發展方面都優於同年齡層的孩子。然而,許多家長——甚至嬰兒與學步兒的專業照顧者或許都會質疑:孩子從嬰兒期就開始閱讀與聽故事,會不會太早了?他們真的看得懂、聽得懂、吸收得了嗎?我應該如何有效地與嬰兒或學步兒分享閱讀與說故事呢?

當我看到美國幼教協會(NAEYC)所出版的這本書時,心情非常愉快及感動,因為坊間新近推出的出版品中,少有能針對零歲到三歲孩子的閱讀與說故事,並且結合了理論與實務,而這本書正是這樣難得一見的好書。此外,這本書是一本跨國合作的作品,由美國及澳洲在幼兒文學、幼兒發展及幼兒讀寫能力方面的專家所共同合著,除可見到較多元的文化背景,更可看到其閱讀推廣的實行。筆者目前在台灣一些縣市擔任早期閱讀的推廣講師,因而有機會接觸到台灣許多嬰兒及學步兒的家長,及其專業照顧者,書中的實例及問題也常發生在他們及孩子身上。透過將書中的資訊及應用方式與這些關心孩子閱讀的照顧者分享及交流,使筆者得到了許多正向的反應及回饋,在欣喜之餘,也希望能藉由此書中文版的發行,讓更多的小小孩與成人受惠。

這本書淺顯易懂,也有許多實用範例,不僅適合專業人士參考,也適合家中有嬰兒及學步兒的家長使用。書中提出了與小小孩分享閱讀與說故事時,需確保孩子在分享的過程中,享受到使用語言的樂趣及益處。在進行分享時,也需考量到小小孩天性短暫及多變的興趣,而提供其全然的自由及選擇。分享的時段及方式也不宜過度僵化,應視孩子的體力、情緒、興趣及能力,進行隨機

的分享。成人的角色——尤其是與孩子關係最親密的父母及照顧者,將深深影響孩子分享的意願及興趣。如果成人的態度及行為表現出非常的享受閱讀與說故事,並且在分享時富有表現力,例如:利用聲音的高低起伏及大小聲、臉部表情、肢體動作等等,來強調故事中角色的特性、情節,以及氣氛,那麼小小孩自然也會受到感染,進而提升了對於閱讀與說故事的愛好,且日後也會習慣性地以富有表現力的方式講述他們自己的故事。

當然,並非每位充滿愛心及關懷的成人都是分享閱讀與說故事的高手。書中建議了如何使用一些道具或玩偶來吸引孩子的興趣,豐富所分享的故事,也提供了許多如何依據孩子所表現出來的線索,適當地調整分享閱讀與說故事的建議。除了原文中實用及吸引人的點子外,筆者也特別邀請了專門提供零歲到三歲孩子照顧的機構——耕心托兒所、家長,及出版社,參與提供相關分享閱讀與說故事的照片,以較具趣味性及有助於提升理解的方式,將《從搖籃曲到幼兒文學——零歲到三歲的孩子與故事》中文版呈現給讀者。

在此要特別感謝上誼出版社、國語日報社、遠流出版社、親親出版社、耕心托兒所、蘇碧珠、王淑薇、張華英、王柏鈞、劉維中、高敏綸、陳柏智、蔡英里、廖沛恩、葉傳硯、林永杰、林傳恩、葉婕玲、葉凱玲、葉家禎、葉以玲、雅各‧塞拉洛(Jacob Serrano)、蘇菲亞‧塞拉洛(Sophia Serrano)為本書提供了寶貴的照片。感謝幼兒文學及嬰幼兒閱讀專家吳幸玲副教授為本書撰寫了推薦語。謝謝先生林永杰對我編譯工作的支持;還要特別感謝不辭辛勞地主持與協調的林敬堯總編輯,以及惠質蘭心的林汝穎執行編輯,因為你們的大力幫忙及支持,這本書才得以順利出版。筆者誠摯的期望每位讀者能從這本書中得到所需要的資訊、想法和啟發,也期待這些能夠被運用在零到三歲的孩子身上,使其終生受益。

葉嘉青 謹識

前言

這本書的內容談的是和嬰兒與學步兒分享故事。我們寫這本書的前提是，希望每個小小孩都能經由說話、唱歌，以及印刷品中，發現語言的豐富性、影響力及其所帶來的樂趣。要讓孩子有此發現，必須讓他們與能夠了解嬰兒與學步兒獨特個性與發展，且敏銳並富有愛心的成人建立親密的關係。成人能尊重此一年齡層孩子間極大的個別差異，當與孩子分享故事時，便能對這種關係提供支持。

孩子的照顧者、老師、父母、較年長的兄姊、祖父母，以及其他關心幼兒的所有人，都具有扮演為三歲以下的孩子介紹語言樂趣的角色。雖然我們希望在提供實用的建議方面能對他們有所幫助，但這並不是一本「如何去做」的教戰守則；儘管我們的確在書中包含了一些選擇性的、以研究為基礎的發現，但它也不是一本學術性的總論。我們的主旨在於呈現一些能夠引發省思與討論的想法。

本書的必要性

我們認為一本有關於嬰兒與學步兒分享故事的書籍，最重要的是，必須傳達出「啟蒙讀寫能力」（emergent literacy）的概念（Sulzby & Teale, 1991; Purcell-Gates, 1996; Clay, 2001）。這個概念意味著孩子在準備接受正式教育前，所累積的所有相關的讀寫技巧與態度。大腦的研究強調，孩子的早年對於他們的學習，以及日後在學校與生活中成功表現的重要性。

市場上經常充斥許多不同的產品，例如：童書、成人書、資源工具、錄影帶，以及軟體，都將孩子頭三年的經驗作為銷售指標。對於一些照顧者與家庭來說，去評量這些不同種類的建議與取向，可能會造成困擾。所有這些產品都推銷產品本身，強調產品對於孩子的學習——特別是在讀寫能力的發展方面非

對家庭解釋啟蒙的讀寫能力

　　大眾對於讀寫能力的焦點，已經造成了許多家庭對於他們的孩子在這個領域方面的進步，產生了許多焦慮。他們或許不確定，他們與孩子的照顧者應該如何去支持孩子讀寫能力的發展與學習。照顧者可以向家長保證，將分享故事、與孩子談話作為每天生活的一部分，對於培養孩子的讀寫能力，以及提供他們未來讀寫能力發展的基礎方面，都是最好的方法。

　　孩子的家長經常會問照顧者一些教養方法。在讀寫學習方面，較大學步兒團體的父母或許會問，例如：「為什麼不教孩子認識英文字母的符號？」當照顧者清楚地了解他們所提供（以及不提供）給孩子某些學習經驗的原因，以及這些經驗支持了讀寫能力學習的許多方法時，他們能夠具有信服力地回答父母這些問題，並且讓孩子的家長感到滿意。

　　在高品質的幼兒托育與教育課程中，孩子的家庭與照顧者總是以夥伴或合作的關係一起照顧孩子。他們坦率地溝通，分享有關孩子與孩子照顧經驗的資訊和觀點。

常重要，甚至不可或缺。然而，這些產品所經常使用的廣告語──「讀寫能力從出生即開始」，以許多不同的方法去詮釋，其中有的適當，有些則不然。然而更糟的是，對於父母所採取的許多建議，都是高度的結構化、成人導向的活動。此外，許多活動的版本，是將原本適合較大兒童的版本加以簡化而來，並不能引起小小孩的高度興趣。

　　這本書另外所包含的必要性，是能夠為工作有效率、但憑直覺的嬰兒與學步兒照顧者提供一些洞察力。換言之，就是提供一些深刻的理解力，給全然沒有察覺到他們所提供的經驗、互動，與環境對於孩子產生何種影響的照顧者。與此一年齡層的孩子使用故事，是一個很好的例子。如同我們以實例所說明的，當我們越有意願去分享故事，不論是有計畫性的或是自發性的經驗，只要

總是全然將孩子的福祉置於其中，孩子就能從故事經驗中收穫良多。照顧者也會因為知道他們所帶給孩子的，不僅是快樂的事物，而且非常具有價值，這將使他們感到心滿意足。

最後這本書特別要澄清一個根深柢固的錯誤概念——「我們能夠單憑身體與神經學的成熟度，去判斷孩子是否已經準備好利用（讀寫能力）的教學……（所以）除非孩子達到了某種程度的成熟度，否則所有（讀寫能力經驗）的探索……都只是浪費時間，或甚至會造成潛在性的傷害」（Neuman, Copple, & Bredekamp, 2000: 4-5）。有這種想法的照顧者，經常會提供嬰兒與學步兒極少或沒有任何的故事經驗。他們相信故事對於小小孩還不具有任何意義，也或者他們認為提升有關讀寫能力的必要基礎技巧，是較大孩子們的老師的工作。這兩種觀念都不正確（請參考 Bredekamp & Copple, 1997; Neuman, Copple, & Bredekamp, 2000）。

本書特色

目前已有許多有關早期語言、讀寫能力，以及兒童文學主題相關的優秀書籍（例如：Butler, 1998; Jalongo, 2004; Makin & Whitehead, 2004; Bardige & Segal, 2005）。而我們這本書又有什麼不同呢？其特別處即在於：

1. 極少有關早期語言、讀寫能力與兒童文學的書籍能像這本書一樣，全然將焦點放在三歲以下的孩子身上。
2. 我們將焦點放在有關對於故事本身的力量之洞察力上，來取代「讀寫能力」的狹隘定義（例如：讀與寫的能力，以及去理解與使用所讀或所寫的能力）。
3. 我們對於「故事」的定義非常獨特。舉例來說，當成人與嬰兒一同看著一本簡單的概念類書籍中的一些圖畫時，可能會說：「那是一頭牛。牛說：『哞。』牛喜歡吃草。」依照我們的定義，這通常就是一個簡單的故事。
4. 分享故事的好處涵蓋的範圍非常寬廣。本書著眼的方法在於故事能夠豐富孩子的生活，支持與強化關係，以及有助於準備早期讀寫能力的基礎。

從出生到三歲以外的孩子

雖然本書焦點放在三歲以下的孩子身上，其中許多內容也適用於較大的孩子，特別是對於那些在語言與溝通的領域面臨挑戰的孩子。此外，雖然我們的讀者主要是在幼兒托育與教育課程中心或家庭工作的成人，但本書的內容也適合任何與三歲以下的孩子互動的成人在任何的場所中使用，包括在家中的父母與孩子。

5. 我們非常強調照顧者與家庭彼此互相學習，以及透過共同合作的方法。這些都能增加與小小孩分享故事的樂趣與好處。
6. 這本書是兩種不同文化（澳洲與美國）混合觀點的產物。

本書章節概要

本書對於「故事」所採用的廣義定義，在第一章即有所解釋。其中也提出了故事對於豐富小小孩的生活、強化關係，以及支持他們讀寫能力發展的論點。

與孩子有意義互動的開端，在於了解孩子個別的和處於某一年齡層所特有的典型行為、興趣，以及能力。在第二章中，我們提出了有關嬰兒與學步兒的發展，焦點放在語言與讀寫能力方面。

第三章則將焦點放在出生到三歲的孩子使用語言、談話、簡單地說故事與玩語言遊戲上。此外，也將焦點放在以自然方式將故事建立在孩子的經驗中。在第四章中，針對書籍在幼教課程中的特殊地位，給了一個基本的理由，也描述了書籍的不同種類，並對於建立或增添藏書方面，提出一些必要的建議。在第五章中，焦點放在有效率地使用故事與書本上。

在第六章中，考量到故事在課程計畫中的地位。在第七章，焦點則放在與家庭的夥伴關係上，當照顧者與家庭共同合作時，能為孩子提供較好的經驗。在第八章中，以再次審視故事分享的三種好處，以及提醒讀者為每個嬰兒與學步兒提供所有種類故事分享的重要性，來作為本書的結論。

特色

本書有兩個特色：

問題與討論　此二要項分布於整本書中，企圖幫助讀者去思考以及討論一些資訊與問題。如此一來，有助於將照顧孩子的工作與書中章節的內容做連結。

童書的推薦　在各個章節中，我們也提到或參考了許多可供嬰兒與學步兒使用的書籍。我們慎重地為三歲與三歲以下的孩子，選擇了一些包含了經典與近年來出版的書籍，我們希望一些較熟悉的書能夠引發讀者的美好回憶。本書提到的所有童書，都與其他被挑選出來的優良童書一併列在附錄中，這些書單是專門為不確定哪些書籍適合小小孩的讀者所設計的指南。

我們對讀者的期望

總而言之，我們寫這本書的目標在於，使它成為一本實用與基礎的指南，能夠引起深思與討論。在讀完與思考過本書的內容與令人深思的問題之後，我們希望讀者能：

- 更肯定地認為自己是一位說故事者，並且更清楚故事在小小孩生活中的地位。
- 持續熱情與快樂地使用故事，或是第一次發現如此做會感到非常高興。
- 當照顧嬰兒與學步兒時，內心深刻地了解故事的潛力，進而以此豐富嬰兒與學步兒的生活，強化彼此的關係，並且支持孩子讀寫能力技巧與理解的發展。

◆ 支持孩子的家庭與孩子分享故事，並且鼓勵孩子的家庭成員，將他們個人
　的故事與照顧者分享。

「能長長在甲板上，緩緩地跳著華爾滋……嗨喲，小魚。晚安，晚安。嗨喲，小魚，晚安。」

1 為什麼故事很重要？
故事帶給嬰兒與學步兒歡樂與益處

> 我們說故事，因為我們必須這麼做。故事賦予我們人性。
> ——阿諾德・瑞伯（Arnold Zable），《無花果樹》（*The Fig Tree*）

如同澳洲作者阿諾德・瑞伯所說的，不論我們年輕或年老，故事將我們連結在一起，並且為我們的生活增添了意義。在不同的世代，故事已經是我們分享資訊與想法的一種方式。對我們來說，故事是一種情感的連結，以及去探索與表達希望與害怕的機會。故事有時是讓我們聆聽、看，以及閱讀的；有時是用說、唱、畫或寫出來的。特別是對小小孩來說，透過親密的身體接觸、互動與分享，是一個建立彼此關係的好機會。故事提供了一個跨越所有的領域，去獲得技巧與概念的機會，特別是讀寫能力必須具備的語言技巧，以及什麼是閱讀與書寫的概念。小小孩「需要」聽故事與說故事，故事建立了孩子的自我感覺、建構他們對周遭世界的了解，以及踏出邁向讀寫能力的第一步。

在這裡，故事的定義或許被一些人歸類為多變的，被一些人歸類為過於廣泛的，以及被許多人歸類為非傳統的。這本書的前提是放在信念上，我們想要將一種範圍廣泛的經驗稱為「分享故事」，它在出生時即開始發生，並且在小小孩生活中富有意義。本書的書名《從搖籃曲到幼兒文學》（*From Lullabies to Literature*）旨在傳達這些經驗的多樣性。當成人與孩子分享故事時，不論孩子年齡多大，都會獲得許多好處，包括：強化彼此關係、學習語言、被引薦了讀寫能力的技巧、探索新的想法、發展技巧、溝通感覺，以及最重要的是，孩子與成人共同享受了樂趣。

「故事」是什麼？

如同一般所定義的，「故事」是事件的重述，不論它是真實或想像的，也不論故事背景是在過去、現在或未來。一段日常的、與孩子每天進行的談話，其中或許也包含了一個故事。舉例來說，當幾個學步兒從雨中跑進教室後，瑪麗亞對他們說了一個簡短的故事：

> 「上週雨下得很大，當雨停了以後，我們走到教室外，走到水坑裡，
> 還記得我們看到了空中一道美麗的彩虹嗎？然後我們走進教室，並且
> 完成了一張很大的彩虹圖畫。」

故事能被說
或寫，聆聽
或閱讀。

一個較複雜的故事會有一個開場、中段與結尾；也會有角色、時間順序與背景。故事能被說或寫，聆聽或閱讀。故事能以不同的形式表現，像是散文、圖畫、韻文、吟誦或是歌曲。有些故事是非正式而且是私人的，是孩子與成人在每天生活中所創作與分享的；其他的故事則是正式而且公開的，以書籍的形式出版，或是以其他的媒體形式呈現在廣大的觀眾眼前。

本書談到嬰兒與學步兒分享故事的歡樂與益處，將「故事」定義得更為廣泛，包含了故事經驗以及「事件加情感」。舉例來說，一個托育之家的照顧者在幫一個嬰兒穿衣服時，說了一個簡單的故事：

> 「我在幫你穿襯衫！我在幫你穿褲子！我在幫你戴帽子！現在穿好
> 嘍，我們去公園玩！」她的笑臉和語調，讓孩子知道發生了一些好事
> 情，並且也以微笑作為回應，參與在故事中。

我們需要支持「故事是早期語言經驗」的廣義概念，這是孩子需要具有語言方面的技巧與了解，以比較普遍的方式成為故事參與者的前兆。嬰兒與學步

兒所表現的例子包括了：製造、聆聽，以及回應聲音。此外，也參與在口語的經驗中，例如：談話以及臉部、大腿、膝上遊戲。

　　雖然故事或許更常與較大的孩子產生關聯性，但以下的例子有助於提醒我們故事對於小小孩的吸引力：

　　八個月大的瑪拉快樂地微笑，並將她的大拇指放入口中，此外，當她的照顧者吟誦一首她所熟悉的童謠時，瑪拉很專心地注視與聆聽。她很努力地去模仿伴隨著童謠所做的手勢。

　　在托育之家的圖書館裡，有幾本書是十八個月大的凱拉所喜愛的。她今天選了兩本有關「移動的東西」的書籍，並且專心地注視一頁上面有一輛移動的貨車的圖畫。她的照顧者注意到她在看，並且說：「那看起來很像是上星期開到你家的貨車。搬家工人將你所有的東西，以及你爸爸和媽媽的東西，都搬到車廂裡，並且將他們載到你的新家，你現在住在一個全新、並且有你自己房間的房子裡。」

　　兩歲八個月大的尼基經常要求他的父母：「告訴我和我出生有關的故事。」

　　當孩子發展與學習時，說故事的方式將會改變。對小小孩來說，圖畫伴隨著口頭說故事是非常重要的，並且孩子也能逐漸了解旁白是在說有關影像的故事。稍後孩子也能與文本發生互動。隨著孩子的成長，我們並未放棄先前說故事的方式，而是將新的方式加入孩子故事的戲目中。

　　在高品質的環境裡，照顧者仔細規劃了一連串的經驗，符合了孩子的需要、興趣，以及他們的能力所能做到的程度。這也適用於分享故事。為了要達到效果，不能只是隨意地提供伴隨聲音、語言、說故事與書本的經驗。不同的故事經驗適用於不同的時間，而且某些經驗能為日後的經驗奠下基礎。然而

什麼是「故事分享」？

　　在本書中，「分享」（sharing）這個術語被廣泛地使用，代表了照顧者為了確保嬰兒與學步兒能夠暴露在「故事」中所使用的所有方法，如同我們之前所定義的一樣。為了達成我們的目標，分享包括了：

● 在每天的談話中對孩子說一些非正式的故事——已經發生了什麼，什麼正在發生，以及將要發生什麼的故事。

● 一起唱歌與聆聽歌曲，並且鼓勵孩子確實地去聆聽。

● 對孩子說故事是口述傳統的一部分——神話、傳說，與故事，都已經被傳述了幾個世代。

● 鼓勵孩子去說故事，並且寫下他們所說的故事。

● 支持孩子們透過戲劇或扮演遊戲所自我編造的故事作為開端。

● 與一個或幾個孩子一起坐著看書，一起觀賞與談論圖畫。

● 單單使用書中的圖畫，而非印刷的文本與孩子說故事。

● 與一個孩子共讀一本書。

● 為孩子提供多樣化適當的書本，讓其單獨使用。

　　故事經驗應該是要強調了解孩子的興趣，以及確保與孩子的互動和溝通是溫暖的、投入的、適當的。此外，我們也應該加強注意孩子在頭三年所經歷的許多改變，以及我們所提供的各種故事經驗的應用。

為什麼故事對小小孩很重要？

　　當故事從孩子出生，成為其生活中的一部分後，孩子就能從其重要的三方面獲益。這三種益處分別是故事「豐富了孩子的生活」、「強化了彼此的關係」，以及「支持孩子啟蒙的讀寫能力」，在以下的章節中，將分別描述這三種益處，並且在本書中將不斷地加以強調。

❖ 孩子一面操作復活節彩蛋，一面聆聽他所感興趣的彩
　蛋故事。　　　　　　　　（照片提供：耕心托兒所）

故事如何豐富孩子的生活？

　　故事能夠反映過去的經驗、延展目前正在發生的事情，並且對未來提供一
個線索。在敏銳、具有技巧的成人幫助下，小小孩能透過故事進而：

接觸不同的資訊　例如：發現不同的動物所發出的聲音，以及牠們吃什麼；為
什麼會起風；其他的人在做什麼、想什麼、感覺什麼。

學習新的概念　例如：一位幼兒對於貓的經驗，或許只局限於去拜訪她鄰居的
寵物貓，但是一本介紹有關貓的不同顏色、形狀與尺寸的書，便能增加她的察
覺力，以及擴展她原本認為「貓」字所代表的概念。

學習懷疑與提出問題，並且會因為獲得答案而感到滿意　例如：當成人說「你
想接下來會發生什麼事」時，孩子會去試著猜答案。

體驗節奏、音韻與語言的美妙　例如：美國詩人康明斯（e. e. cummings）對春天做了如此描述：「當世界像濃漿一樣美味（mud-luscious）……像小水坑一樣美好（puddle-wonderful）」，闡明了出色的語言力量。

　　當三歲大的艾拉，在雨天裡看著窗外，並且吟誦著：「一個有霧的、潮濕的早晨」時，反映出了她對童謠的熟悉。

反映與澄清過去的經驗，並且將它們與目前的經驗連結　例如：當與孩子分享一個有關穀倉裡的故事時，拜訪農場戶外教學的活動經驗就變得非常鮮明。

語言遊戲

　　適當地選擇故事，透過了韻文、重複的事物，以及文字、主題、角色，和環境的想像組合，提供孩子愉快的方法進行語言遊戲。

　　故事中的語言經驗往往包括人們在日常生活中不常使用的文字與片語。這有助於孩子建立字彙，孩子經常會出人意表地以精巧與令人驚嘆的方式，表露出他們對於文字或片語的知識。以下是一個經典的例子，或許孩子是藉由與故事的互動而學習到獨特的表達方式。

　　　　傑克與姬兒爬上小山去提一桶水，
　　　　傑克掉下來並且弄破了他的皇冠而姬兒跟著滾下來。
　　　　傑克爬起來並且用他最快的速度蹦蹦跳跳地跑回家。
　　　　他上床睡覺並且用醋和牛皮紙包紮他的頭。

　　現今大部分的美國與澳洲小孩都不熟悉童謠中的許多文字與片語，例如：頭上戴的「皇冠」，或「提一桶」。儘管如此，故事中的情節、角色與節奏已經引起了許多世代孩子的興趣。嬰兒或許不懂任何文字，但他們會被語言的節奏，以及成人吟誦故事時所展現的興奮與熱情而感到陶醉。

能預期即將發生的經驗 例如：一個有關嬰兒的故事，或許能和一個即將有新生兒弟弟或妹妹的孩子產生關係。這樣的故事是一種重要的工具，能夠幫助孩子建立一種自信感，並增強其應付與挑戰新事件的能力。

對於他們原先不曾有過的經驗變得熟悉 例如：孩子或許能從書本中學習到有關參觀動物園、去醫院或搬新家的經驗。成人可以藉由故事來對孩子感到陌生的事情加以解釋，以適合個別孩子的需求與興趣。

看到他們自我與個人經驗的反射 例如：當一個學步兒聽到或看到故事中的一個孩子，正做著自己所熟悉的事情時，他會高喊：「就跟我一樣！」此時他正急於對書中的角色與經驗，表達出一種認同感。這種感覺對成人與孩子來說，都能產生預期的效果，有時甚至連成人都能從故事中體驗到這種認同感。

使孩子在每天單調乏味的常規中提振精神，或是從不愉快的真實生活中逃脫 例如：孩子能學習使用故事來獲得自我安慰，就像成人或許會從一首喜愛的詩，或經由禱告和書中尋求安慰，使心情變得愉快。

想像力 例如：當孩子聽過一個有關維尼熊（Winnie the Pooh）的故事後，或許會想像他的填充玩具也會和他一起玩遊戲。故事能刺激並擴展孩子的能力，去想像超出他們日常生活中所熟悉的事情。

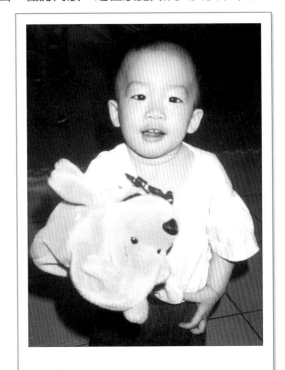

❖ 孩子在聽過維尼熊的故事後，或許會想像他的填充玩具也會和他一起玩遊戲。

（照片提供：林永杰）

樂趣 有趣的故事可以為孩子帶來歡笑，甚至一些滑稽聲音的組合，例如：「哩咯哩咯呸低哇科」（Knick-knack paddywhack），也能吸引嬰兒的注意力，使他們微笑。

因此一個簡單的故事或許能夠描述或擴展孩子的真實經驗，而且當成人帶出一個有趣和引人入勝的故事變化時，也能同時帶出故事中令人熟悉的細節。孩子從反覆地聆聽熟悉主題的故事中得到自信，也被和緩地引導去探索新的想法，以及更多精心製作的故事。

故事如何強化彼此的關係？

故事是與幼兒溝通與互動的有利工具。就故事本身而言，它們能夠強化孩子與成人，以及孩子與其他孩子間的關係。一些研究大腦的專家證實，幼兒與成人之間溫柔、關愛與持續的關係，是他們大腦健康發展的要素（Shore, 1997; McCain & Mustard, 1999; Shonkoff & Phillips, 2000; Lally & Mangione, 2006）。

說或讀故事的行為，以及故事的內涵，都能夠深入與強化這些關係。故事可以是成人與孩子間談話與輕鬆的親密關係的媒介，也是分享經驗的共同樂趣，故事非常重要，有助於彼此間特殊的結合力。

故事可以藉由以下的方式強化彼此的關係：

幫助孩子學習有關其家庭與文化的價值與信念 例如：凱瑟琳‧費維爾（Catherine Falwell）所著的《十的饗宴》（Feast for 10），內容描述某個家庭的父母相信孩子能夠幫忙購買雜貨與準備餐點。

讓孩子接觸到與他們自己的情感相類似的情形，並且幫助他們探索感覺與將其歸類 例如：聆聽有個男孩擔心在他祖母家過夜的故事，或許能夠幫助孩子們發現，睡在一間陌生的房間裡會感到「緊張」，這是很自然的事。

讓孩子與其他人的生活和經驗相連結 在生命中的頭三年，孩子對於其他的孩子、家庭中的其他成員，以及每天生活中的活動事件，都變得越來越有興趣。

聽到有關其他人的經驗，能夠讓孩子對於他們自己經驗的普遍本質感到安心，並且促進一種與所有其他人類產生關聯的感覺。

越來越能察覺到人與人之間的不同處　當孩子了解到他人與自己的文化或其他方面的不同處與原因，這會鼓勵他發展一種不只對與自己相似的人，也會對於外表、生活方式與自己不同的人產生興趣以及接納的態度。

對於人與人之間許多明顯差異處之外的基本相似處，增添了欣賞的態度　當我們對孩子說「我有告訴過你⋯⋯的故事嗎」或是「我告訴你，當⋯⋯發生了什麼事」時，我們正用個人的故事，將自己的生活與他人做連結。故事比起許多其他的經驗，更能跨越時間與地點的邊界，因為故事能夠透過普遍的感覺與經驗分享，讓孩子與成人彼此連結。

除了支持幼兒與其照顧者之間親密與牢固的關係，故事也為照顧者與家庭間的溝通及正向的互動，提供了一個焦點，以及一個強化他們之間關係的媒介。舉例來說，照顧者可以鼓勵家庭成員不僅與他們的孩子在家裡分享故事，也與其他孩子在托育中心裡分享故事，作為課程的一部分。這對育兒課程來說，是一種表現出對文化與語言尊重與感興趣的極佳方式，並且能夠適當地為所有人增添課程的豐富性。書籍與其他媒材可以製作成方便家庭使用，以鼓勵與協助他們說故事（使用故事去提升家庭間的夥伴關係，是第七章中所要討論的主題）。

分享故事也能幫助孩子建立和維持彼此的關係。當學步兒與其他學步兒分享故事經驗時，便能了解到他們有許多相同的需要、感覺與興趣。

故事如何支持讀寫能力的發展？

讀寫能力有許多不同的定義，但不論採取哪種定義，分享故事對孩子的啟蒙學習與發展，具有強大的貢獻。澳洲幼教協會（Early Childhood Australia）發表了有關語言與讀寫能力的聲明（1999）：「讀寫能力可視為一種被使用的語言能力——說話、聆聽、閱讀、觀賞、書寫與繪畫。它們被包含在這些語言的

形式中，依據背景、目的與觀眾而有所不同。」這與本書的內容非常相符。美國幼教協會（NAEYC）聲明：「讀寫能力的學習，自孩子出生以後即開始，並且透過與成人參與一些有意義的活動而被鼓勵；這些讀寫能力的行為會改變，並且最終將成為一種日常的習慣。」（Neuman, Copple, & Bredekamp, 2000: 123）

讀寫能力與溝通

根據以上的說明，我們可以說讀寫能力是一種社會與文化的習慣，它包含了許多技巧與理解。小小孩每天沉浸在讀寫能力的事件中，這些事件在孩子的家庭、社區，以及育兒課程中隨處可見。所有的練習與事件都很寶貴，因此對孩子很重要，需要積極地去學習與參與。有些社會很強調口頭的讀寫技巧，或者是去「讀」人們的肢體語言與手勢。在澳洲偏遠地區的原住民孩子，需要學習如何「讀」大地的徵象與聲音，以發展出在嚴酷環境中存活的技巧。同樣地，在紐約市中，一個以西班牙語為母語的學步兒，很快就能認出公車、火車站、冰淇淋店與披薩店的圖畫標誌。

所有的孩子——包括那些有特殊需要的孩子，都能夠參與像是「說故事」之類的讀寫能力事件中。對一些孩子來說，需有不同的策略與額外的資源來支持這個過程。一些照顧較大的、有特殊需要的孩子的照顧者，或許會發現本書所推薦的一些經驗，對他們來說很適合。

故事與書本的力量

當嬰兒第一次聆聽、辨識，然後逐漸以適合他們社交習慣的方式運用聲音、手勢，以及之後使用文字、書寫的記號，或圖畫去傳遞他們的需要、不足、感覺與想法時，他們已經發展了早期的讀寫能力。成人的角色是去聆聽、回應，以及以自然與尊重的態度，去讚賞孩子所做的這些努力。當學步兒與成人、同儕遊戲，參與在每天發生的可能情況中，並且學到了利用文字與手勢的力量去傳達他們的意思，與對其他人詮釋他們的理解時，學步兒便成為一個越來越有能力的溝通者。

當孩子聽故事時，他們學到了許多有關說故事的目的，以及使用的常規。舉例來說，當孩子聽到了一個特殊的聲調，或是片語，例如：「從前……」或「誰想要聽一個故事？」時，他們會察覺到成人正準備與他們分享一個不同於談話形式的故事。孩子從故事中學習到有關「書本語言」，以及它可能與每天所說的語言間有什麼不同（Armbruster, Lehr, & Osborn, 2003）。說故事或朗讀故事給孩子聽時，小小孩會學習仔細地聆聽。當孩子學習去注意一個故事時，能夠幫助他們去領悟角色、主題或是情節，這將與他們成為一位讀者有關。

當我們與小小孩分享故事時，他們還無法詮釋書本上的文字與字母，但是他們喜愛故事。年齡非常小的孩子，甚至也會向我們表現出他們了解我們在對他們說或朗讀什麼。不論我們與嬰兒和學步兒分享任何傳統或非傳統的書本，都有助於提示或催化一個故事。當今，有許多專門為了這個年齡層的孩子所寫的書籍可供選擇。書本讓孩子接觸到語言的力量、愉悅、節奏與豐富性，我們可以在孩子嬰兒時期就將書本介紹給他們。

孩子在閱讀文字前，會先「閱讀」圖畫。有些作者使用「圖像式閱讀」（reading the visual）一詞去談論從圖畫中了解意義的能力（Anstey & Bull, 2000），這也是童書中的圖畫或插畫必須清楚、確實，以及忠實反映文本的原因之一。孩子學習到他們可以透過指著圖畫，進行提問或回答問題，或者是加入吟誦重複的故事情節，例如：「跑、跑，用你最快的速度跑。你抓不到我，我是薑餅人。」來參與在故事中。

> 孩子在閱讀
> 文字前，會
> 先「閱讀」
> 圖畫。

小小孩逐漸地察覺到書本中的印刷文字，並且開始了解書寫的符號對於傳遞訊息很重要。小小孩透過觀察自己與成人和其他孩子的互動，體會到印刷文字、標誌與符號在環境中如何起作用。小小孩逐漸了解到它們的力量與重要性，並且開始在遊戲與繪畫中加以運用（Parlakian, 2003; Jalongo, 2004）。

儘管孩子在口頭語言發展方面具有強烈的天生習性，但是讀寫能力的發展大部分仍仰賴經驗，這是孩子之所以需要去體驗故事的重要原因之一（Centre for Community Child Health, 2004）。嬰兒與學步兒具有參與讀寫事件，或是「使用語言」的能力與需要。聆聽故事中的語言、被故事的優美所吸引、學習

文字所代表的意義、被鼓勵去使用語言，以及看到故事被印刷出來，這些都是讀寫能力的重要開始。所有種類的故事包括了書寫的、觀賞的或講述的，都是支持這個年齡層孩子的語言與讀寫能力發展和學習最有力與最適當的方式。

問題與討論

你如何對你的同事，與你所照顧的小小孩的父母，解釋分享故事的好處？針對以下的問題，為自己寫下簡短的筆記：

1. 分享故事如何豐富孩子的生活？
2. 分享故事如何強化成人與孩子間的關係、孩子與孩子間的關係，以及成人間的關係？
3. 分享故事如何促進小小孩的啟蒙讀寫技巧？
4. 你能想出與小小孩使用故事的額外好處嗎？

故事的廣泛定義是，它們以顯著有效的方式對孩子的生活有所貢獻。故事幫助孩子學習有關其他的人、他們自己，以及他們周遭的世界。發生在孩子頭三年生活中的戲劇性變化，與故事的使用，以及分享故事的種類有關。下一章中，將焦點放在如何依照嬰兒與學步兒的特質，與他們做最佳的故事分享。

From Lullabies to Literature

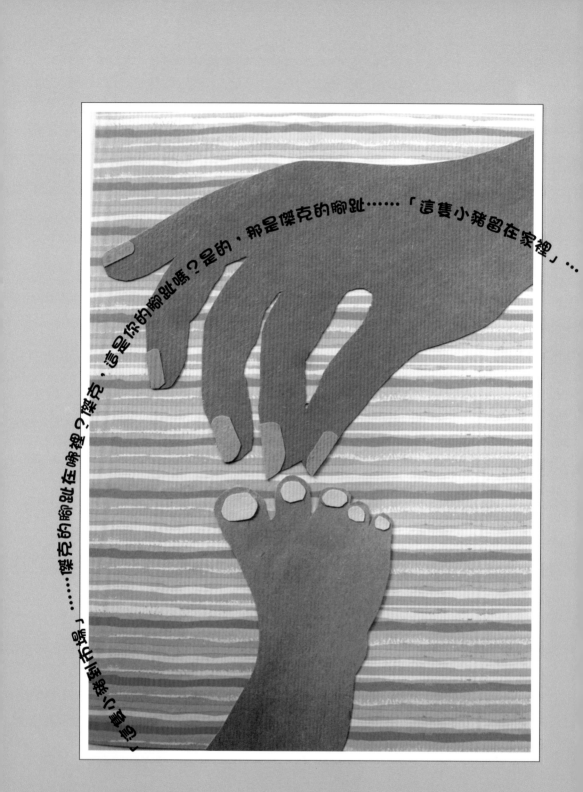

2 小小孩
典型的能力與發展

為我朗讀,我的故事正要開始。
——一間超級市場裡的橫幅

孩子從出生到三歲間在發展上跨越了巨大的一步,比起他們生命中任何其他時期都更快速與富戲劇性。作為一個故事參與者,嬰兒與學步兒甚至在幾個月內所表現出的故事技巧與興趣,就大不相同。從以下的例子中,可以看出孩子所產生的驚人改變:

克洛怡是一個快樂、忙碌的十一個月大孩子。她喜歡爬到書架旁,並且將所有的書本都拉到地板上。她偶爾會讓她的照顧者展示其中一本書的某一頁給她看,但是她興趣維持的時間很短暫。當克洛怡十四個月大時,即使走得不穩,但也已經會走路。此外,她也能說幾個字。

克洛怡對於故事的興趣也改變了。她在一天中,會帶著書與她的照顧者分享幾次。她喜愛臉、手,以及膝上遊戲。此外,當她的照顧者在吟誦童謠、談圖畫的內容,以及說一些簡單的故事時,她會仔細地聆聽。克洛怡特別喜愛〈巴阿,巴阿,黑綿羊〉(Baa, Baa, Black Sheep),甚至在看到任何綿羊圖畫時,會隨著這首童謠熱情地發出咩咩的叫聲。

當孩子改變了，我們與他們分享的故事以及他們與我們分享的故事也會隨著改變。這一章強調孩子在生命的頭三年中，典型的特質與發展軌道，包括了在孩子與家庭間的變化性與多樣性，這些將使得與小小孩分享故事這件事，變得具有挑戰性，並且非常有益處。

 嬰兒與學步兒的形象

我們對於小小孩的了解或是心智的形象，不僅影響我們如何與他們互動，也影響了我們作為照顧者所提供給他們的經驗，包括我們談話與走路的方式、我們所說的故事，以及我們所分享的書籍。但是我們所了解的孩子的形象，其真實性如何？以下是根據腦部的研究，與嬰兒和學步兒的專業經驗，對於孩子的特質所做的整理與描述，是這本書所主張的取向與實踐方法的基礎。這將提醒我們，嬰兒與學步兒真正喜歡什麼，以及孩子能做些什麼——這使我們與孩子分享的故事經驗更有益處，且讓我們的互動更有意義。

孩子是發展的個體，也是正在發展的個體

當我們在看小小孩時，很容易落入只注意其潛能的陷阱中，就像是了解「正在發展」的人將成為什麼樣子，比起了解「已發展」的人他們現在是什麼樣子更為重要。接受孩子目前是「已發展」的個體，代表我們所提供給他們的故事經驗與其他經驗，必須強調他們現在是什麼樣的人，以及為他們未來的學習與發展奠下基礎。

在整本書中，我們強調每個孩子對於故事興趣的個別程度範圍，即使在一群同齡的孩子中也是如此。雖然每個孩子會對於某些故事，甚至如何與它們互動，發展出偏好（例如：指著書中的圖畫，非常快速地翻拍書頁），但很重要的是，我們要讓所有的孩子都去探索熟悉、新奇、多樣化的故事，並體驗故事的方法。如此做才能同時支持已發展與正在發展的孩子。

❖ 孩子的興趣與偏好可以作為我們提供閱讀經驗的指南。　　　　　　　　　　　　　　（照片提供：耕心托兒所）

　　舉例來說，一些較大的學步兒學著讀懂一些文字，有一些則學習去閱讀。許多的學步兒察覺出圖畫與印刷文字傳遞了意義。然而，我們絕不會透過訓練或課程去催促孩子這些啟蒙的讀寫技巧，我們也絕不會勸阻或制止想要學習閱讀的學步兒。回應孩子所表現出對於閱讀的興趣，與催促他們對於閱讀產生興趣是截然不同的。我們應該總是讓孩子自己的偏好與興趣成為我們的指南。

> 許多的學步兒察覺出圖畫與印刷文字傳遞了意義。

準備發展關係與溝通

　　嬰兒從一出生就準備好與人發展關係（Hawley, 2000）。他們在生命的最初期就與其他人展開互動；早在嬰兒能了解其他人以文字說些什麼或表達自己時，他們就已經會回應人們的聲音，特別是那些他們所認識與喜愛的人的聲

音。隨著成長，嬰兒在建立與強化彼此的關係上，逐漸扮演積極的角色。

　　嬰兒也是有能力的溝通者。在他們會說話之前，已使用與模仿身體語言，包括了臉部表情（Barton & Brophy-Herb, 2006）。即使孩子的語言技巧尚未十分成熟，任何照顧嬰兒與學步兒的人，都很熟悉孩子為了讓別人能夠了解他們所傳達的訊息而做的努力。舉例來說，手臂堅持用力拉、沾滿口水的親吻，或是害怕的大哭，都是屬於孩子的溝通策略。當我們照顧小小孩時，會遭遇這些溝通策略，並加以詮釋。

　　當我們與小小孩分享故事時，他們的個別回應通常與我們所期待的非常不同。他們有時會藉由閉上眼睛、轉開或走開、打斷或說不同的故事，來傳達出他們不感興趣的訊息。相反地，他們或許會藉由加入，熱情地說出他們的意見或建議，或是有時僅僅安靜地不動聲色，仔細地聆聽，來表達他們對故事充滿了興趣。我們對於這些回應的回饋非常重要，如果孩子認為他們是有能力的溝通者，最終，他們本身將成為說故事者。此外，當我們聆聽他們的故事時，我們為孩子示範了專注的態度，且強化了孩子去仔細聆聽別人分享故事的意願。

有能力的

　　雖然幼兒依賴成人，但他們並不是無能的。任何照顧孩子的人，有時會對孩子所能理解的程度感到驚訝，只要我們多注意嬰兒與學步兒「能做的」，而不是他們不能做的（Parlakian, 2003; Barton & Brophy-Herb, 2006）。

　　從以下的例子，我們可以仔細想想，這個學步兒對於「符號具有意義」的理解有多深，以及他對於表達問題的堅持度：

　　每當十六個月大的諾亞看著托育之家中一塊裝飾性的板子時，總是重複指著它，並且說著同樣的話。然而，不管諾亞多麼努力，他的照顧者還是無法了解他試著想說什麼，就連他的父母也無法理解。終於有一天，當諾亞的祖母來接他時，祖母能轉譯出諾亞的話：「板子上說什麼？」當祖母回答：「諾亞，板子上是說：『家是心之所在的地方。』」諾亞對著她眉開眼笑，終於有人回答他的問題了！

　　小小孩正學習從他們的環境中設法去汲取意義，以及在新奇的與熟悉的事物間找出關聯性。分享故事是去發現孩子對於他們周遭警覺性的最好辦法之一。以下的例子顯示了學步兒傑的觀察力，比他的照顧者吉娜所了解的還要敏銳：

　　當吉娜與傑分享一本書時，傑一面指著許多圖畫中的一幅——一個男孩穿著一件紅色的夾克，一面斷然地宣稱：「爹地！」吉娜懷疑，是否兩個月大的傑仍然稱所有的男性「爹地」。她回應：「你認為那個男孩看來像是你的爹地嗎？他有金黃色的頭髮，但是你爹地的頭髮是黑色的。」後來，當那天的托育時間結束後，這之間的關聯性終於被弄清楚了，原來傑的爸爸穿了一件紅色的新夾克來接他！

　　另一個證據是，孩子具有傑出的認知能力，當他們在學習一種以上的語言時，相對地比成人容易。研究者在研究早期的語言發展時，發現了不論在一種、兩種或更多的語言方面，人類都繼承了以各種不同的方式溝通的能力，孩子從出生開始，就非常善於溝通（Papadaki-D'Onofrio, 2003; Long & Volk, 2004; Jones-Diaz & Harvey, 2007）。

對學習充滿熱情

　　嬰兒與學步兒在學習方面，具有龐大與具感染性的熱情（雖然有時會令人精疲力竭）。他們抓住每個可能的機會去探索、發現與理解他們周遭的世界。小小孩所有的時間都在學習，而不是只有在經過計畫的學習活動中才在學習。他們能在最稀鬆平常的情況中，透過最普通的材料，發現一些有趣的事。

積極的建構

　　孩子從出生開始便在他自己的發展與學習方面，扮演了一個主要角色，就像是從他們每天的經驗中，去建構自己理解能力的建構師（Bredekamp & Copple, 1997; Bowman, 2004）。這些經驗包括了幼兒的第一手觀察，以及對世

界的探索,也包括了在孩了與成人間所分享的事,在其中,每一方都對經驗或互動有所貢獻,透過他們的回應,影響到接下來發生的事。舉例來說:

> 當照顧者茉莉對十四個月大的聖地牙哥說起有關他們的一天時,聖地牙哥興奮地說:「蘋果!」雖然聖地牙哥的說話能力有限,但他在與照顧者共度的說故事時間裡,做了很重要的貢獻。茉莉回應:「是啊,我們今天早上的點心的確是蘋果。你喜歡蘋果,不是嗎?我想知道我們今天下午的點心是什麼。走!我們一起去看看。」

聖地牙哥記得他早上享用了點心,這也提醒了茉莉將他們談話的方向指向點心。

經由考慮周詳的成人出席與參與,小小孩的學習得以被提升。以下是分享故事能作為這種夥伴關係在學習方面的例子:

> 在馬克教室中的一個學步兒雪娜,一天中會好幾次牽著馬克的手,將他拉到置物櫃旁,那裡陳列了一排照片。雪娜指著一張她與哥哥的照片,對馬克說:「說!」馬克很快地以一個有關雪娜與哥哥在家裡一起做什麼的故事,來回應她的請求。

動手操作

學習對於小小孩來說是一種動手操作的活動,因為幾乎要動用到他們全身來操作,所以稱為「身體操作」(bodies-on)或許更為貼切。孩子是在探索中學習,他們最想要那種能夠讓他們的身體投入的經驗,他們不可能只是靜靜地坐著去觀看與聆聽。小小孩與書本的互動也不例外,舉例來說,成人或許習慣單單地看書和讀書,但是對於學步兒來說,書本也是用來抓取、咀嚼、拍打與到處攜帶的東西。我們與孩子說的故事中,應該也包含了一些可以讓他們模仿

支持語言的多樣性

　　家長通常會有關於第一種與第二種語言的獲得與維持的問題。學習第二種語言需視第一種語言發展的程度而定，這代表了嬰兒與學步兒需要支持，使他們具有母語方面的能力（Siraj-Blatchford & Clarke, 2000; Gregory & Kenner, 2003）。分享故事與其他的語言經驗，能夠幫助孩子發展第一種語言。舉例來說，照顧者可以：

● 鼓勵家長在家中藉由分享故事，維持孩子的母語能力。

● 如果照顧者本身具有雙語或兩種不同文化的背景，可以使用孩子的母語在教室中與孩子分享故事。

● 學習並且使用一些以孩子的母語發音的關鍵字，例如：「你好」或「是的」。

● 要求家長錄下以他們的母語發音，孩子所喜愛的歌曲或故事，並且在課堂中播放。

● 在教室中，需要有一定程度的書籍與印刷的範例是使用孩子的母語。

　　對於個別的孩子與一個團體的孩子來說，學習兩種語言都是一種豐富的認知、社會與文化的資源。尊重與重視孩子的權利並且去維持他們母語能力的照顧者，可以透過孩子的母語分享故事，來扮演一個重要的支持角色。

的動作，或是可以讓他們和諧地唱出的重複樂句，這些很可能會抓住孩子的興趣，並且支持他們積極地參與在故事經驗中（Jalongo, 2004）。

無法預期的注意焦點

　　通常小小孩想要查明、理解和探索幾乎每一件事的欲望，會讓他們將焦點集中在一件事上很久。任何照顧嬰兒與學步兒的人，都曾經歷過類似的情形，這也提醒他們要縮短孩子集中注意力的時間。舉例來說，當我們說著一個自認

為很引人入勝的故事，才說到一半時，我們的小小聽眾或許已經閒晃到別處去看新奇的事物了。

　　無論如何，對於小小孩注意力集中的時間，比較確切的形容是「無法預期」。許多時候，我們會對究竟是什麼真正抓住了孩子的注意力，以及他們注意力集中的大量時間而感到訝異。舉例來說，孩子利用了十分鐘或更多的時間去翻一本硬頁書，但卻完全忽略了書中的內容。一個較大的嬰兒似乎從來不會對臉部與膝上的遊戲感到厭倦，但卻從未對書本感興趣。又或者，某天一個學步兒被他的照顧者所說的一個故事吸引住，全神貫注地聆聽，而在幾天前，這個學步兒可能對這個故事一點都不感興趣。當一個學步兒將一本專門為其年齡層所設計的硬頁書拋在一旁、不屑一顧時，這個學步兒卻極有可能被另一本五金材料的目錄所吸引。

❖ 臉部及膝上遊戲能引起孩子的興趣與參與。

（照片提供：耕心托兒所）

1. 你會對這樣的小小孩的形象,再增添些什麼特質?這些特質與故事分享有
   什麼關係?
2. 你是否曾經在與小小孩的互動中,看到這些特質的例子?

多元背景的影響

孩子生活在多元背景的環境中(家庭、社區、文化,與生活規律等),並
受其影響,托育的場所只是其中之一(Bronfenbrenner, 1979; Rogoff, 2003)。
從出生開始,每個孩子就與所有的背景脈絡互動。這些背景透過內部可變因
素(例如:能力、性情、興趣與學習風格),以及外在可變因素(例如:社經
地位、家庭結構、口頭的語言、父母的年齡、教育的程度、職業,以及背景經
驗)所影響。正因為這些可變因素的交集,使得幼兒非常多樣化。以下就以兩
個十八個月大的孩子為例:

露西亞的家庭最近從墨西哥移民到美國的一個小鎮,她爸爸的表哥與
他的四個孩子也一起移民到美國。露西亞在這個大家庭中備受疼愛。
一位親戚總是一有空就去抱抱她,唱歌給她聽,和她一起玩。露西亞
對書本不熟悉,但是當她的照顧者以西班牙語唱歌給她聽時,她總愛
拍手並搖擺起來。

羅力與他的單親媽媽蘇妮雅住在大城市中的一間小公寓裡。蘇妮雅白
天在一家速食店辛苦地工作時,羅力則由一所托育之家照顧。蘇妮雅
是一位渴望閱讀的讀者,她經常在下班回家的路上停下來,到公立圖
書館為她自己與羅力借一些書。一位圖書館員在兒童閱覽室向她展示
館中所收藏的硬頁書,並推薦她看一些簡單的童謠。蘇妮雅在回家的
公車上、準備晚餐時,以及當羅力在浴缸中玩潑水時,她便與羅力分

享這些童謠和其他簡單的故事。當羅力在托育之家時，這些家庭經驗反映在他與別人說故事和朗讀故事的深度興趣上。

> 孩子在家的經驗也會強力影響他們對於故事的態度。

即使在生命早期，孩子在家的經驗也會強力影響他們對於故事的態度。事實上，孩子特殊的興趣也會影響到他們家人的行為。露西亞的家人很高興看到她喜歡音樂，並且藉由與她唱歌和跳舞來鼓勵她。蘇妮雅很驚訝地看到羅力對書本非常有興趣，並且期待每天工作後，與他分享故事。羅力與露西亞對於書本的熱情，塑造了他們家人的回應，而這些回應也反過來幫助塑造孩子的興趣。

發展及孩子的個別性差異

當我們在考量孩子的發展時，需記住對於所謂「典型的」發展，有些孩子總是超前，而有些則是落後。無論如何，所有的孩子都有權利享受故事的經驗，這些在本書中會討論。當我們照顧孩子時，特別是對那些有特殊需要的孩子，我們得去調整所提供的經驗，以反映他們的回應。雖然本書的焦點是針對三歲與三歲以下的孩子，照顧者或許會發現，其中有許多資源可以應用在三歲以上有特殊需要的孩子身上（在第五章中，有更多與有特殊需要的孩子分享故事的特殊資訊）。

很顯然，許多嬰兒與學步兒的發展並不完全符合發展曲線圖或是教科書上所建議的所有發展範圍。有些孩子會同時「超前」與「落後」，以九個月大的米亞為例：

米亞的語言發展較進階，而且剛開始說一些她的父母與照顧者能夠了解的話，例如：「媽媽」、「不」和「走」。米亞也喜歡坐著，然後專注地看著繪本。但是她在爬行方面發展較為遲緩，當她的父母或照顧者

將她放在某處時，她會喜歡一直停留在該處，很少到處移動去尋找或探索新的事物。

比起同齡的孩子，米亞較早學會使用文字。雖然她不像其他在托育中心的許多嬰兒一樣，在身體活動方面很活潑或表現得很好，但是她會注意一些她所喜愛的事物，例如書中的圖畫，而且專注的時間比同齡的孩子更久。

問題與討論

十八個月大的艾瑪喜歡有輪子的東西的圖畫，在白天時，她可以安靜地坐著翻閱卡車或汽車的書長達十五分鐘。

兩歲六個月的班喜歡各種不同的故事，但是他現在最喜歡他的照顧者經常說的一個有關一隻貓媽媽與她的貓寶寶在農場裡的冒險故事。

當三歲的瑪麗亞一面滿懷期待地跳上跳下，一面懇求地說：「怪獸故事！」時，二歲六個月大的大衛搗著耳朵，哀求說：「大衛不要怪獸。」

想像你是這三個孩子的照顧者，你將如何以尊重他們個別差異的方式，回應他們的需求？

🌱 發展的連續性

許多描述孩子的書都以一種廣泛的方式描述嬰兒與學步兒在不同的年齡與發展階段，會典型地知道什麼與能做些什麼。因為橫跨團體之間，與個別孩子之間有極大的多樣性，因此所提供的任何有關發展的連續性資訊都有其限制。然而，只要這些限制不被視為硬性規定，那麼所有資源都能幫助我們更加了解小小孩。

本書附錄 A 著重於故事的分享部分，強調書中若干重點在於如何影響嬰兒與學步兒欣賞故事，以及成人如何協助孩子加強欣賞的深度。其中的內容與造成不同的故事分享效果的重點有關，這些重點符合兒童發展的里程碑並與之一致。

　　我們所選擇描述的內容是照顧者必備的知識，這些知識讓我們了解嬰兒與學步兒的發展，並且知道在孩子的不同年齡層與階段，我們對他們的期望可能是什麼。了解孩子的發展在他們的家庭與社區中，獲得怎樣的支持與重視也是非常重要的。

隨著孩子的成長、學習與發展，他們所投入的故事經驗應該變得更複雜。但是優良故事經驗的特質都應一致具備：

- ◆ 可以優閒地聊聊天、分享故事，並且一起探索圖畫或書籍。
- ◆ 分享所有類型的故事時，表情應豐富而熱情。
- ◆ 跟隨孩子的帶領與興趣，決定提供什麼樣的故事經驗，以及何時進行故事分享。
- ◆ 將分享故事當作每天經驗的一部分。
- ◆ 支持小小孩作為故事參與者與說故事者的啟蒙技巧與興趣。

　　將這些優良的實踐方法記在腦海裡，接下來的章節將進一步深入地檢驗不同的故事經驗與取向。在下一章中將討論口頭的語言——談話、簡單地說故事，以及語言遊戲。

From Lullabies to Literature

3 分享口頭的語言
聲音、談話、說故事、語言遊戲

> 最好的老師是最好的說故事者。
> ——法蘭克・史密斯（Frank Smith），
> 《交換每一天》（*Exchange Every Day*）

這一章將焦點放在嬰兒與學步兒早期生活所經歷的口頭故事經驗，包括談話、口述故事，以及語言遊戲（例如：兒歌與童謠）。很多人甚至驚訝地發現，這個年齡層的孩子竟然需要這些自然的語言經驗。他們或許會想，為什麼回應嬰兒所發出的咯咯聲，或者為學步兒換尿布時和其說話很重要？畢竟小小孩很少說話，即使他們說話，也無法了解成人所說的每件事。為什麼我們不將對孩子語言發展的注意力，延後到他們具有「真實的」說話能力時？

事實上，小小孩所接觸的不同語言經驗範圍，與他們的語言發展有直接的關係。成人有時無法認同孩子的「語言經驗」，或是語言對於小小孩的重要性，但是，嬰兒與學步兒總是從他們所遭遇的特殊文化、家庭傳統與媒體中，不斷地從故事、笑話、歌曲和其他的口頭語言中學習語言經驗（Dyson, 1994）。舉例來說：

八個月大的里亞與成人一起看新聞、聽新聞，而兩歲大的迪恩坐在媽媽開的車子裡聽流行音樂。里亞與迪恩不了解新聞或歌曲中文字的意思，但是他們學著發出不同的聲音，而這些聲音代表了某些意思。

我們為孩子提供了一些經驗，促使他們對於聲音、符號、文字的喜愛與投入，這些經驗是結構較複雜的故事的前導活動，能幫助小小孩喜歡上故事，並成為有能力的語言使用者與說故事者。嬰兒與學步兒在其非常早期的生活中，如果有越自然的談話與其他的口頭語言經驗，那麼當他們較大時，越有可能成為自信的說話者、說故事者、讀者與作者（Schickedanz, 1999; Rochat, 2004）。

要想成為小小孩的「最佳說故事者」，我們必須：

◆ 示範如何使用語言。

◆ 修飾故事的內容以回應孩子的興趣、需要與背景。

◆ 鼓勵孩子去觀察、聆聽與模仿他們的所見所聞。

◆ 回應並鼓勵嬰兒和學步兒特殊的溝通與說故事方式。

這一章描述了所有口頭語言的種類，大部分適用於英語學習者以及有特殊需要的孩子，其中提供了一些適當的調整，例如：用簡單的手語來支持語言遊戲的點子，也一併在此提出。這些建議對於有特殊需要的較年長孩子也有幫助。作為一位照顧孩子的工作者，當我們將焦點放在培養他們成為溝通者時，兩個應該鞏固的原則分別是：孩子「能夠」做什麼（而不是他們「不能夠」做什麼），以及期望每一個孩子都能夠是、並且成為一個優秀的溝通者。

以聲音作為開端

當孩子還無法了解我們所說的所有意思時，我們應該如何幫助小小孩喜愛與投入語言和故事活動中呢？我們可以以小嬰兒所製造、模仿與回應的聲音作為開端。

> 嬰兒逐漸地覺察到聲音是如何製造和變化的。

透過每天暴露於人類與環境的聲音中，嬰兒逐漸地覺察到聲音是如何製造和變化的。這樣的覺察是一種必要的前驅力，幫助孩子聽出與製造出不同字母的聲音。成人透過以下的方式，能自然且非正式地支持嬰兒投入聲音與口頭語言的活動中：

- 吸引孩子對於人類與環境中聲音的注意力。
- 示範聆聽這些不同的聲音。
- 指出聲音不同的品質（例如：大聲與輕聲、高音與低音）。
- 幫助孩子聽聲音與音樂，尤其重要的是，幫助有聽力障礙的孩子透過振動或動作「感覺」不同的聲音。
- 使用有押韻的語言。
- 出聲回應嬰兒所發出的聲音。

　　具有特殊需要的孩子或許會要求一些不同的或額外的經驗。特殊幼兒教育專家能幫助嬰兒發展他們的溝通技巧，並提供照顧者有效的溝通策略。舉例來說，一位照顧具有視覺與聽覺障礙嬰兒的照顧者，或許會學習如何將簡單的手語與身體的動作，和口頭語言做結合。

　　六個月大的蕾克莎有視覺障礙。她的照顧者曼蒂學會在觸碰她時，同時用說話來協助蕾克莎了解口頭語言。曼蒂說：「現在是到你的小床睡覺的時間了。」當她強調「小床」這個名詞時，她輕柔地將蕾克莎的手放在小床邊上。曼蒂每天都會結合這個合併觸覺的經驗，儘管蕾克莎看不清楚她的小床，但她漸漸了解小床是安置她睡覺的地方。

　　十個月大的艾力有中度的聽覺障礙。某天，當他坐在地板上用手敲一個玩具鼓時，他的照顧者貝拉笑著對他說：「好棒，艾力你能夠讓鼓發出砰、砰、砰的聲音！」當貝拉與艾力一起敲打鼓時，她拉著他的手幫助他感覺鼓的振動。當艾力感覺到鼓的振動時，能幫助他了解周圍有許多聲音，而他也能用動作製造出一些聲音。

參與「談話」

　　如同在第二章中所討論的，即使嬰兒的口頭語言技巧尚未發展得很好，但

他們常試著讓人了解他們所表達的訊息（而且還相當成功）。舉例來說，一個三個月大的小孩，每次聽到吸塵器的聲音時，或許會用哭來表達他的害怕，但當他的媽媽抱起他，並唱歌給他聽時，他卻又會微笑，並且發出咕咕聲。

嬰兒的照顧者須是有技巧的觀察者，學習去了解每個孩子特別的溝通方式。嬰兒或許會透過任何能夠傳遞他們想法與感覺的方式，例如：哭泣、微笑、製造噪音，以及移動他們的手與身體來溝通。當我們回應這些聲音、手勢與表情時，吸引嬰兒進入了早期的溝通階段。舉例來說，當一個嬰兒快樂地咯咯笑，而他的照顧者回應：「我能聽得出來，你今天是一個快樂的小男生喔！」透過這樣的互動，嬰兒學到了：「我發出聲音，而對方發出聲音來回應我。」換言之，他學習到在談話中需輪流的基本結構。這些互動愉快的早期談話，反映出嬰兒學習與發展的社會性本質（Rogoff, 2003）。

當嬰兒成長變成學步兒時，會藉由較廣泛的溝通策略以取得及保留成人與其他孩子的注意力。孩子仍持續使用聲音與手勢，但增加了更多口頭語言的使用，而成人並非總是能夠了解他們的口頭語言。無論如何，很重要的一件事是——我們要努力地試著表現出我們非常盡力去了解他們的意思。以下是由莫·威樂（Mo Willems）所著的有關《小兔子克那弗》（*Knuffle Bunny*）主題的一個故事：

學步兒崔西心愛的填充玩具被遺留在自助洗衣店裡。崔西試著告訴爸爸這件事：她用許多自己拼湊的字，而最後以發脾氣來表達她對於掉了玩具這件事的感覺。學步兒在聽這個故事時，或許能了解到，當崔西試著找出一個方法讓別人理解她的訊息時的那種挫折感。雖然崔西的爸爸試著去了解她的意思，但卻失敗了。幸好，當十分沮喪的爸爸與崔西回到家時，媽媽很快地就問到了小兔子克那弗。於是這家人急忙回到了自助洗衣店，而爸爸則扮演了英雄的角色，在一台洗衣機裡，發現了小兔子克那弗並將它拯救了出來。

　　仔細聆聽並且讓孩子知道我們了解他們在說什麼，這能帶給他們信心，並且激勵他們繼續使用文字，最後試著使用句子（Zambo & Hansen, 2007）。一些有助於促進學步兒口頭語言發展的方法，包括：

◆ 俯下身與學步兒同高，並且藉由眼神的接觸，表現出你在聆聽。

◆ 給學步兒足夠的時間與你全部的注意力，幫助他們自在地表達他們的訊息。

◆ 以正確的說話形式述說，並且在回應學步兒的意見時，提供簡單但詳盡的詮釋，例如：

「爹地……爹地……我，我，我！」

「是的，麥克，那是你的泰迪熊，你想把它拿回去。」

◆ 用取自特定手語系統中的一些簡單手語，或由熟悉有溝通困難學步兒的成人所編製的具代表性手勢。

◆ 如果孩子在課程中主要使用的語言與家中的不一樣，可在課程中使用一些家常話的簡單文字（例如：奶瓶、喝、是的、媽媽）。

　　這些方式也強化了孩子與成人間溫暖與親密的關係，並且表現出我們對於孩子的尊重與真誠的興趣。從嬰兒早期對於聲音的興趣與回應，到學步兒與日俱增地透過手勢、口頭語言、文字與句子傳達訊息的能力，我們正培養孩子與人談話的概念。

　　對小小孩來說，每件事都是新奇的，成人將發現，有無限的可能與孩子談論每天的活動。我們或許可以藉由指物命名開始談話：「那是你的帽子。」「這是你的奶瓶。」「那是泰迪熊！」當孩子聆聽字彙的能力增加，我們可以使用較複雜的評語及問題：「我們來看看雨水灌溉了我們的花朵。」「你有聽到狗在叫嗎？」「今天午餐吃什麼好呢？熱湯應該不錯。」紐西蘭作家桃樂絲‧巴特勒（Dorothy Butler, 1998）曾提出對於年紀太小，還無法使用文字交談的嬰兒來說，使用書本是另一種支持他們的對話方式，這在第五章中將會再次討論。

　　這種交談方式非常重要，不只因為這可以讓小小孩熟悉談話的既有模式，也幫助嬰兒與學步兒聆聽語言的美妙，以及他們如何支持與反應我們的行動和

經驗。這些最早的講述方式,對於傳統上被歸為「故事」的活動來說,是很重要的前導活動。

說故事

　　有技巧性且熱誠地與孩子分享故事,是我們能帶給小小孩最好的禮物之一,而他們也將以興趣、熱誠與模仿來回應我們所送的「分享故事」這份禮物,對充滿關愛的成人來說這是極大的回饋。有時我們的故事或許反映出真實的事件,有時我們可以讓自己的想像力以精彩、無遠弗屆的方式恣意翱翔。當嬰兒成為學步兒時,我們可以將原本對他們所說的非正式、簡單的故事加以延伸,成為較複雜、具特意安排的主要情節,包括精心設計的一群角色、特殊的場景,以及一套待解決的事件或一個問題的故事。

❖ 玩具農場中的動物玩偶可以用來豐富故事。

（照片提供：耕心托兒所）

以下是一些簡單講述的故事種類：

真實生活 我們可以說一些孩子正在做的或他們感興趣的事物，舉例來說，一個有關拜訪農場的故事，可以藉由將孩子的名字，與他們所遭遇的事件放入其中，而使得故事變得個人化。玩具農場中的動物玩偶可以用來豐富故事。

幻想的 當孩子開始說他們幻想的故事時，他們已經準備好要聽幻想與「虛構」的故事。如果一些學步兒經常坐在教室中的「戲劇角」，並且在那兒對著娃娃或泰迪熊講一些幻想的故事，那麼他們可能已經準備好要聽他們的照顧者向「他們」說類似的故事。

繪本 繪本故事可以照著繪本內容念，也可以用某種方式加以改編後說出。舉例來說，許多成人都知道艾瑞·卡爾（Eric Carle）的《好餓的毛毛蟲》（*The Very Hungry Caterpillar*）（上誼）全文。一位照顧者可以不用書本來說這個故事，而利用手指偶代替插畫來與孩子分享。或者也可以用一隻非常飢餓的小狗，或其他令孩子感興趣的動物來取代。

◉《好餓的毛毛蟲》

照顧者可以一面與孩子說故事，一面利用洞洞玩具書、手指偶來吸引孩子的興趣。

（出版社：上誼文化實業股份有限公司）

傳說 許多的傳說對學步兒來說太過可怕，因此將其內容加以修改後，再對孩子講述，比起直接與孩子分享書中的內容更為適當。當我們講述經修改過的傳說故事版本，可以讓故事更適合聆聽的孩子年齡層。此外，若使用大型的法蘭絨說故事板，或其他的道具說故事，會讓孩子感到較親切，容易進入故事中。例如，一個修改過的、生動的《三隻小豬》的故事，可以讓三隻小豬與狼合力

蓋一棟堅固的房子；或是把薑餅人的故事講述成一個抓人的遊戲，在故事裡，薑餅人邀請了許多動物與人們去抓他，而他越過了鄉間，一路跑到他的家裡。

當故事本身與孩子產生關聯時，故事將發揮最大的功能，以下是一個很好的例子：

荷西負責照顧學步兒，他喜歡自然地將故事與孩子每天的經驗，非正式地結合在一起。一天，他觀察到凱蒂與傑克森使用玩具奶瓶在「餵」娃娃。當荷西看到他們都坐者，並且將娃娃放在大腿上親熱地摟著時，他坐了下來，並告訴他們一個簡單的故事。

「有一天，凱蒂與傑克森在娃娃角裡照顧娃娃寶寶。他們先抱起小娃娃，因為小娃娃很餓，於是他們把奶瓶拿給小娃娃寶寶。當他們給了娃娃奶瓶後，凱蒂與傑克森親熱地將洋娃娃抱起來，然後把他們放到小床上睡覺。」

❖ 經由角色扮演，讓孩子融入在幻想的神話故事中。

（照片提供：葉以玲）

對於孩子所做的事，荷西以一個故事代替了簡單的評論。如果他選擇了評論，他可能會說：「我喜歡你們照顧小娃娃的方式。」或者「你們的娃娃現在要去睡覺了嗎？」但是在當時的情形下，荷西決定要說一個故事，因為孩子們在與娃娃玩過後，靜靜地坐著，表現出了已經準備好要聽故事的心情。孩子聽到了有關他們遊戲的故事，因而肯定與豐富了他們的遊戲經驗。

聆聽故事可以喚起小小孩內在強烈的感覺，幫助他們與說故事者和故事中的角色形成深入的連結。孩子在聆聽故事一段時日後，也了解到建構故事的不同方法、故事的目的，以及語言的聲調形態。最後，孩子將開始在他們所說以及日後所寫的故事中，運用類似的結構。

> 聆聽故事可以喚起小小孩內在強烈的感覺，幫助他們形成深入的連結。

故事作為連結的媒介

儘管嬰兒與學步兒或許無法全然了解我們所說的故事，但他們確實在聆聽，並且逐漸了解「為何」以及「如何」說故事。口述的故事藉由幫助家庭成員與社區事件建立連結，進而豐富了孩子的生活。當孩子聆聽，然後積極地參與在故事分享中時，他們對於家庭與社區生活的記憶也開始浮現。舉例來說，孩子常要求祖父母說些有關他們父母小時候的故事。這些故事有時或許是在家人們共同看著家庭相簿的情況下分享的，有時則被當作軼事講述。

小小孩喜歡反覆地聽這類故事，並且如我們所預期的，故事能將孩子與家庭歷史連結在一起，並支持他們在家庭或托育中心裡自我認同的發展。聆聽或述說有關我們家庭或我們自己的故事，能夠成為一種告訴別人我們是誰，或我們喜歡成為什麼樣的人的方式。托育之家或托育中心也都蘊含了豐富的故事潛力，這些地方包含了許多故事題材和每天發生的事件，像是這裡所住的人以及他們的興趣。

說故事就像直接讀書本裡的故事一樣，必須與聽故事者形成一種連結。透過說故事，嬰兒與學步兒開始了解到在感覺、想法與經驗之間有一種連結（Milne, 2005）。他們得知故事能夠讓人產生一種感覺，聆聽者必須去思考這種

感覺，以理解故事的意義。嬰兒與學步兒透過反覆的故事經驗，獲得這種體會，這對幫助孩子日後成為有能力的讀者與作者來說，實有其必要性。

語言遊戲、韻文、遊戲

我們對於小小孩所說的一些最簡單的故事，是以語言遊戲的方式進行，而且當我們與嬰兒談話時也會自然地湧出。無論如何，與一個雖然深受感動而且開開心心、但卻無法跟我們說話的人說話，這樣的談話將很難繼續進行下去。作為一個照顧者很快就會發現，我們需要去探索更多創意的溝通方法，以支持我們自己與嬰兒對談話的興趣。對較大的孩子而言，即使他們無法理解韻文或手指謠的文字，但它們仍能鼓勵孩子去探索語言與玩語言遊戲；這些為故事提供了元素。

❖ 在遊戲中與孩子交談。

（照片提供：耕心托兒所）

口述故事的傳統

說故事為我們所有的人提供了一個分享我們過去經驗、目前興趣與未來夢想的方式。在社區裡分享故事有助於建立彼此關係與知識分享（Magee & Jones, 2004）。

早在書本普及化或甚至在印刷發明以前，全世界不同群落的人們就已經在說故事了，他們透過世代的家族將這些故事流傳下來。這些說故事的傳統，在今日許多社區中仍持續進行。

在美國、加拿大、澳洲與紐西蘭的原住民中均可發現許多傳統口述的例子。其他許多國家也透過說故事的藝術而能超越世代，鮮活、牢固地傳承他們的文化連結。除此之外，口述故事還能：

● 傳遞重要的信念與常規。
● 提醒成人與孩子，作為一位家庭、社區、部落、親屬成員該有的責任。
● 慶祝重要的事件與成就。
● 將不同的世代連結在一起。
● 提供娛樂。
● 解釋自然的現象，例如：風、日出和日落。

在具有牢固的口述故事傳統的社會裡，說故事者的貢獻特別受到尊重與珍視。口述故事的時間，被規劃成一種常規慣例，且必須是優先考慮的事。

橫跨不同的文化或親屬團體之間，口述故事的講述方式、講解者、結構、內容的焦點、講述的目的各不相同。現今全世界的嬰兒與學步兒從他們家庭與社區的口述傳統與所說的故事中，聆聽與學習（Curenton, 2006）。

在口述故事的傳統不再是生活重心的地方，故事仍是每天生活的一部分。我們對於肥皂劇或實境電視秀的興趣，以及我們坐著聽朋友聊最近所發生的一些事的興趣，都與我們對故事的極度喜愛與需要有關。

當臉部遊戲與身體遊戲與觸覺合併時,特別有助於促進說故事者與孩子的關係。故事遊戲與語言遊戲或許需要撫摸或輕拍孩子的手、腳、膝蓋或頭。這些遊戲主要需要一位對孩子敏感、有豐富知識的成人,與一個輕鬆自在的嬰兒。

臉部與身體遊戲

在玩臉部遊戲時,照顧者可一面唱歌或吟誦童謠童詩,一面輕觸嬰兒的臉。舉例來說:

當凱莉坐在三個月大的蓋比身旁的地板上、吟誦下面這首童謠時,吸引了蓋比的注意力:

繞著花園走一走

泰迪熊走

一步,兩步

在那下面搔搔癢。

當凱莉吟誦童謠時,輕柔地摸了摸蓋比的臉,最後輕輕地搔搔蓋比的下巴作為結束。還有一次,凱莉非常輕柔地敲著蓋比的前額,並說:

敲敲門

偷偷看(觸碰蓋比的眼瞼)

把門閂掀起(「掀起」蓋比的鼻子)

走進去(指著蓋比的嘴巴)

喝杯茶

到寶寶的下巴!(輕輕地搔蓋比的下巴)

除了臉以外,還有一些簡單的遊戲可延伸到孩子其他身體部位,例如:

當凱莉吟誦《滴答　滴答　滴答》(*Hickory Dickory Dock*)時,她輕柔地用手指從蓋比身上往上爬到他頭上。當凱莉吟誦到故事中老鼠跑

下時鐘的部分時，她又快速地讓手指從頭上爬下來。

這類遊戲為嬰兒提供了有趣的早期故事經驗，因為遊戲簡短、有節奏、押韻、吸引人，並且具有懸疑成分。透過文字與觸碰，二者的結合維持了嬰兒的注意力，並有效地促進嬰兒與成人的關係。

儘管這些遊戲大部分應用在嬰兒身上，學步兒也會一直喜愛這些遊戲，並且有時也想要做一些動作回應成人。學步兒也會與其他孩子或玩具一起玩這些語言遊戲。當學步兒開始吟誦這些故事，並且與玩具或其他孩子一起做這些動作時，表現出了他們語言學習的徵象：他們正在理解、記憶與重述他們所聽到的語言，並且認為語言很重要。

童謠中有問題的語言

以現今的標準來看，許多傳統「鵝媽媽」類型的童謠，似乎具有暴力、種族歧視或年齡歧視的成分。〈住在鞋子裡的老太太〉（The Old Woman Who Lived in a Shoe）裡的角色，完全談不上是一位有愛心的母親，以及〈老媽媽哈柏特〉（Old Mother Hubbard）裡的主角，只準備了一根骨頭給她飢餓的狗吃。事實上，在許多文化中，傳統童詩與兒歌的成分都令人懷疑是否適合孩子。

雖然嬰兒與學步兒無法了解許多文字，也無法全然理解其中的訊息，但照顧者與家長或許仍想要討論應該與孩子分享何種童謠。

我們沒有必要因為這些少數的例子而將所有的童謠拒於門外，這是不智的，尤其是有一些童謠只要略微修改文字、主題或訊息，就比較能被接受。舉例來說，〈三隻瞎眼的老鼠〉（Three Blind Mice），我們能夠將「瞎眼的」改換成「仁慈的」，以及將農夫太太「切斷牠的尾巴」改換成「用切肉的餐刀切給牠們一些蛋糕」來代替。這是一個值得在孩子的照顧者與家長間討論的問題。

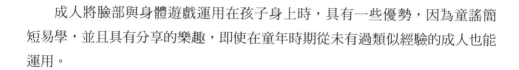
成人將臉部與身體遊戲運用在孩子身上時，具有一些優勢，因為童謠簡短易學，並且具有分享的樂趣，即使在童年時期從未有過類似經驗的成人也能運用。

膝上遊戲

孩子大約在能夠沒有支撐的情況下坐起時，就準備好要玩膝上遊戲了。孩子坐在照顧者的膝上或是足踝上（孩子較大後，成人可以交叉著足踝坐在椅子上，而讓孩子安全地坐在成人交叉的足踝上）。成人一面吟誦一首適當的童謠，一面隨著童謠的韻律與文字，輕柔地讓孩子在自己的膝上彈起來，依照孩子的反應與童謠的文字來調整彈起的力道。以下是一首傳統的英國童謠：

> 騎著一匹公馬來到了班百利十字路
> 看到了一位美麗的淑女坐在一匹白馬上。
> 她的手指上戴了一些戒指，腳趾上戴了一些鈴鐺，
> 不論她到哪裡都有音樂相隨！

> 另一個膝上遊戲是：
> 這是淑女騎馬的方式——吉格、吉格、吉格
> 這是紳士騎馬的方式——踢躂、踢躂、踢躂
> 這是農夫騎馬的方式——哇叭哩磯、哇叭哩磯
> 還有這是〔孩子的名字〕騎馬的方式——喀嘍、喀嘍

在這膝上遊戲的一些版本中，當吟誦到孩子「喀嘍」騎馬時，成人輕輕地將膝蓋分開，小心地將孩子朝向地板降下後，隨即再將他提起來。

更多複雜的語言遊戲

當嬰兒成為學步兒時，他們已經準備好投入較複雜形式的語言遊戲。舉例來說，當較小的學步兒進行行進間與手指運動的遊戲時，能夠從像是敲打桌

面、跳舞、唱歌,與手牽手圍圈圈的活動中得到樂趣。學習隨著「雙手張開!合攏……張開!合攏……輕輕拍一下!」的伴唱,跟著張開與合攏雙手,對學步兒來說是一個令他們興奮的挑戰,要求他們需一面回應文字的節奏,一面控制他們的手指。

雖然學步兒能夠跟隨指令的差異性很大,當孩子發展動作技巧後,手指遊戲的複雜精細度會逐漸增加。例如對小小孩來說(有時對成人也一樣),要能「恰如其分」精熟〈蜘蛛結網真辛苦〉(Itsy Bitsy Spider)這首歌的動作,可能很困難。所幸徹底正確的手指遊戲並不是最重要的部分。

家庭遊戲與童謠

照顧者可以鼓勵家長建議一些能在課程中與孩子分享的歌曲與語言遊戲,這些可以是來自於家庭的文化、祖國或母語。

這不僅能夠強化成人與孩子間的連結,也能夠藉由讓成人分享童年回憶中的遊戲與童謠,來建立成人間的連結。而照顧者在表露出對於孩子家庭文化傳統的尊重時,也能夠獲得一個與孩子的家庭討論有關語言重要性的機會。

歌曲

嬰兒與學步兒對於所有種類的歌曲與歌者都非常喜愛而且熱衷。對於歌唱實力有待商榷的我們,當唱走調或自編歌詞時,很幸運地,孩子仍會被我們與歌聲所吸引,好像我們是最棒的女中音。如同語言遊戲一樣,唱歌、音樂與身體動作三者結合在一起,效果很好。大部分的人都知道,當我們一面抱著孩子,一面唱歌跳舞時,最能夠安慰難以取悅的孩子,對那些常感不耐和無聊的孩子來說,這或者也是一種引起他們興趣的方法之一。聆聽照顧者歌唱是一種愉快的語言經驗,如果照顧者固定唱歌給孩子聽,不僅能促進嬰兒對語言的喜愛,更可加強孩子與照顧者之間的依附關係。

富有文字的歌曲通常是一個音樂故事，將這類歌曲與孩子分享，是一種介紹孩子將文字與旋律節奏，以及與他們自己獨特的聲音和其他的語言搭配在一起的極佳方式。嬰兒與學步兒會移動身體、搖擺手臂，或拍手去回應音樂。較大的學步兒也喜歡學喜愛的歌曲中的文字，這可以豐富與增加他們正在發展的字彙能力。

音樂經驗對於托育課程來說是一個極佳的附加經驗，因其有助孩子學習仔細且有選擇性地聆聽音樂，以及一種喜愛故事、從故事中學習的關鍵性技巧。經過仔細挑選，多樣化的音樂也能幫助孩子熟悉自己的與其他文化的節奏與樂音。無論如何，這並不意味著應該過度播放音樂，使音樂變成了背景噪音。孩子持續受到聲音的刺激，一直是照顧者常常擔心的問題，就算是最好的托育課程也比一般典型的家庭還要嘈雜。

有些孩子很少有寂靜的經驗，或有機會去聆聽他們環境中自然發出的聲音。瑪格麗特‧懷茲‧布朗（Margaret Wise Brown）的《噪音書》（*The Noise Book*），是一本經典的繪本，理想地闡明了「寂靜」可能會多麼有趣：

評量環境裡的聲音

我們需要評量我們課程裡聲音的品質與音量。我們應該自問：環境嘈雜嗎？有安靜與平靜的時刻嗎？什麼是主要的聲音？

如果一般的噪音程度過高，孩子將無法適當地聆聽與參與談話和故事活動。當有太多無法同時接受的噪音時，就很難集中注意力。

在托育的環境中，安詳與寧靜的時刻對孩子來說非常重要：相對的寂靜能夠鼓勵談話、語言的創意使用，以及認真的聆聽。此外，它也幫助孩子放輕鬆與感到舒適。小小孩需要清楚地聽到語言，並且需要一個適當的環境讓他們能夠練習新學到的溝通技巧。

一隻叫作馬菲的小狗，因為眼睛受傷用繃帶包起來後，開始安靜地注意聽所有有趣的聲音：一個時鐘發出的滴答聲、一個散熱器發出的咯咯聲，甚至牠肚子所發出的咕嚕聲。

小小孩需要有機會聽聽各種聲音，事實上，我們不需也不應總是急於以談話或音樂來填補沉默的時刻。

問題與討論

想想你所知道的一些結合了身體活動與語言的童謠、遊戲與歌曲。請托育中心裡的孩子家長或其他工作人員，教你一些他們所知道的童謠，並將童謠與你的身體動作一起結合運用。

1. 你如何與工作人員和家長討論這些事物的重要性？
2. 你如何與家長分享這些語文遊戲或童謠？
3. 你會如何用文件記錄孩子對於這些遊戲的回應？
4. 記錄下來的筆記、照片、錄音帶或錄影帶，會為你帶來最大的幫助嗎？為什麼？

支持學步兒成為說故事者

當學步兒能夠建構簡單的句子時，他們會開始說自己的故事，這種情形通常是在兩歲左右（Schickedanz, 1999）。舉例來說：

兩歲半的安潔莉在家中浴缸潑水玩時，作了一首歌並將它唱了出來，展現了說故事者的技巧：

潑！潑！潑！（她用手拍打水）
滂！滂！滂！（她擠壓海綿）
安潔莉洗澡
和唱歌。

　　孩子不一定需要有非凡的天分才能夠自創一個故事，大部分的學步兒都有創意的語言能力，但他們創意的努力必須受到家人與照顧者的鼓勵。

　　當學步兒對我們所說的故事變得比較投入，語言能力也已發展時，他們開始對玩具、對他們自己和其他孩子，以及對成人講述他們自己的故事。我們可以藉由寫下來或錄下來，將這些故事加以記錄整理。這些聲音的記錄與筆記，可以在日後與孩子分享，去刺激他們未來說故事，或是再複習對他們來說重要的主題（請參考第七章更多有關記錄整理說故事與故事參與的部分）。這些記錄孩子對於說故事所做的努力的文件，也可以拿來與他們的家人分享，孩子的家人將知道，他們孩子成長發展的語言能力，受到了肯定與鼓勵。

問題與討論

1. 你認為成人可以做些什麼來促進孩子在語言方面的樂趣與能力？
2. 什麼樣的故事經驗可能鼓勵孩子自己成為一位說故事者？

　　當學步兒玩一些物品，像是洋娃娃或玩具卡車時，通常會開始說一些非常簡單的故事。這些故事能夠反映他們在家中或課堂上的生活經驗，就像是以下這些兩歲大孩子們的例子：

班的爸爸是一位卡車司機。班推著一輛玩具卡車越過地墊，並且說：
「爸爸進去卡車……叭、叭、叭！」

米西卡經常被媽媽搖著入睡。有一天,她在托育中心裡的娃娃角抱著一個洋娃娃,並且說:「寶寶快睡,寶寶快睡。」

愛娃住在一座農場裡,她拿起了一隻柔軟的玩具馬,一面唱著:「小馬跑,爸爸的小馬在這裡跑。」一面假裝馬在跑。

當學步兒在玩時,照顧者需仔細聆聽,以便能知道並鼓勵他們延展這些基本的說故事企圖。我們可以用一些問題與意見來鼓勵:

「班,你爸爸今天坐大卡車去哪裡?」

「米西卡,你的寶寶很想睡覺嗎?你要把他放在哪裡睡覺呢?」

「愛娃,你能夠讓馬快跑嗎?跑更快,然後更快,馬越過了小山,然後又回到了家裡。」

我們藉由這樣的方式回應孩子的故事時,亦即向孩子傳達了一個訊息——我們了解與重視他們所想與所說的。我們也能用我們的意見來示範文法與正確的語言(正確的動詞時態,例如:用"go"來代替"goed"),以及添加更多訊息以擴充故事內容的一些方法。例如:

「班,當爸爸回家時,他把卡車停在哪裡?」

「米西卡,當你的寶寶醒來時,你會做什麼?」

「愛娃,當馬跑回來時,牠會喜歡吃些什麼?」

當孩子表現出了解故事是什麼，以及當他們開始去說故事時，我們或許會想要介紹「讓我們想像一下」的概念給他們，以作為一種激勵，或延伸孩子正在發展的說故事能力的方法。舉例來說，在這個階段，照顧者或許可以告訴一個學步兒：「讓我們假想，有一個超迷你、超迷你的小傢伙住在這個舒服的地方下面，然後讓我們編一個有關他的故事。你認為他午餐想吃些什麼呢？」（絕對要非常仔細地了解，學步兒是否已經準備好了做幻想的活動。如果一些學步兒還無法了解真實與想像間的差異，他們或許還不能確定該如何反應，並因此感到害怕。）

維薇安·培利（Vivian Paley, 2001）在美國對幼兒所做的研究顯示，我們不應低估幼兒作為說故事者與聆聽者的能力。當孩子試著了解他們的經驗時，會以多樣化的風格來表達他們自己，提問並回答問題，預測接下來會發生什麼事，以及藉由創造他們自己的故事來發揮他們的想像力（Bardige & Segal, 2005）。在下一章中，我們將焦點轉移到如何運用書本作為提升語言的工具。

From Lullabies to Literature

你想要我讀這本書嗎？……你選的書上面有一台紅色消防車……這本書的書名是《走！》（Go!）

4 書籍的特殊角色
蒐集各種故事分享

> 書不是生活的代用品,但是書能為生活增添無以估計的豐富性。
> 人生極為有趣,而書能夠提升我們對於重大意義的辨別力。
> ——梅・希爾・阿爾伯斯納(May Hill Arbuthnot),
> 《孩子與書》(*Children and Books*)

當我們為孩子介紹文字與圖畫中語言的力量、樂趣、節奏與豐富性時,書本具有特殊的重要性。我們可以利用書籍直接將故事的文本朗讀出來,或是藉由富想像力的插畫獲得自創故事的靈感。書本不只是眾多運用在嬰幼兒課程中的資源之一,書籍在每一個課程、中心,和家中,都具有特殊的地位。在這一章中,將探討書籍為何如此重要,然後針對零到三歲的孩子,提供一個適當的書籍閱讀指南。

為何書籍非常特殊?

大部分的幼教中心裡至少會有幾本書及其他玩具或用品。相對來說,將書本併入嬰兒與學步兒的課程中,使其成為有目的性與經常性的一部分,還是個非常新的觀念。就如同許多成人(包括了照顧者與家庭成員)對於嬰兒與學步兒的語言經驗的反應一樣,對於書本經驗所帶給稚齡孩子的閱讀價值感到驚訝,甚至抱持質疑態度。到底為什麼書籍對孩子這麼重要?

　　如果你觀察嬰兒與學步兒和書本的互動，你就不會質疑他們是否喜愛書籍的經驗——雖然孩子所表現的「方式」或許與成人所表現的不同。或許他們還不具有口語的技巧去描述或要求聽一個故事，但是他們會拿一本自己喜愛的書給我們，很顯然渴望與我們分享那本書。孩子或許會指著書頁，或製造一種快樂的聲音，來表現他們對書感到很滿意。當我們談論圖畫或朗讀時，孩子們或許會仔細聆聽。或許當孩子或唱或喊、表現他們的熱情時，會使得我們很難再繼續分享故事。孩子或許會向前傾，仔細檢查圖畫，並且指出他們認為特別重要的部分。孩子或許會興奮地拍打、咬，或甚至是將書丟來丟去。他們通常能預期一本所熟悉的書籍的高潮迭起處，並隨之表現得越來越高興。孩子的微笑、著迷的凝視、揮手、拍手、咕噥、尖而長的叫聲，以及全身的擺動，告訴了我們，他們正全神貫注地沉浸在書本經驗中，並且從中受益。

　　嬰兒與學步兒從書中所得到的愉快與滿足，足以讓我們和他們分享書籍。然而小小孩還從書中得到些什麼呢？第一章概略描述了與嬰兒和學步兒分享故事的三種主要好處，以下的討論說明了書籍與這些好處之間的關係。

書籍能夠豐富孩子的生活

　　書籍其中一項主要好處，可以引述由梅・希爾・阿爾伯斯納所著的經典作品《孩子與書》的內容來表達：「它們可以藉由加深和擴充我們的經驗，來豐富我們的生活。」這種深入與延伸的經驗不需很複雜，但卻很重要。舉例來說，當一位學步兒看著海倫・歐克森柏利（Helen Oxenbury）的《逛街》（*Shopping*）時，可以讓孩子聯想到過去與媽媽一起逛街的經驗。此外，在成人的幫助下，孩子可以了解故事與他自己逛街的經驗有什麼不同與相似處。

　　在書中，故事的主角在城市的一座高聳建築物中，按了電梯的按鈕。這對從小住在小城鎮中的孩子來說，或許是一種新奇的經驗。他或許會對這第一頁的情景感到非常有興趣，而不願意繼續翻到下一頁。就另一方面來說，一位住在公寓大樓的孩子，或許視按電梯鈕與搭電梯為一件平凡無奇的事，而渴望翻到下一頁，看看將會發生什麼事。

建立背景的知識

作為成人，我們每人都具有豐富的記憶、經驗，並知道它們有助於我們了解生活中所發生的事。小小孩正要建立這些豐富的知識，與他們一起看書對他們很有幫助。孩子可以從圖畫中學習一些他們遇到過並感到奇怪的事物，或者是還未經驗過但感興趣的事物。書本能幫助孩子仔細思考他們所擁有的經驗，或是如同梅・希爾・阿爾伯斯納所提出的，書本能夠提升生活的「意義」。舉例來說：

> 蘿勃塔展示書中一輛藍色車子的圖畫給二十個月大的湯瑪斯看，並說：「看，湯瑪斯！這輛藍色的車子和你爸爸的車子很像！你今天坐爸爸的車子來學校。」蘿勃塔從架子上拿了一輛玩具車，在湯瑪斯旁邊的地板上推著走，並說：「看，湯瑪斯，這輛車在動耶，就像你和爸爸一起坐在車上沿著道路駕駛一樣！」

在這個例子中，蘿勃塔從書中挑選了一張她認為可以引起湯瑪斯興趣的圖畫，藉此喚起他對圖畫的注意力，提醒他曾與爸爸一同坐在車中的經驗，鼓勵他進一步思考，並藉由討論書中的圖畫與眼前的物品做一連結，來豐富孩子的知識。在其他時段中，蘿勃塔或許也會將瓦提・派普（Watty Piper）所著的《藍色小火車》（*The Little Engine That Could*）拿給湯瑪斯看，指出那輛貨車也是藍色的，像他爸爸的一樣。此外，人們也可以坐火車，就像他坐在汽車中一樣。

預期未來

和孩子分享書籍，能幫助他們預期與準備面對未來可能會發生的事情。舉例來說，和孩子分享瑪格麗特・懷特（Margaret Wild）所著的《還要等七個晚上》（*Seven More Sleeps*），內容描述一個孩子期待一場即將舉行的生日派對，這故事將能使孩子對於自己即將舉行的生日派對更感興奮與期待，並讓他了解

生日或許會以某種方式慶祝。在這方面，圖畫與插畫能發揮特別的功能，舉例來說，用一本故事文本非常簡單、有關搬家的繪本，比起單純的解說或在沒有使用任何圖畫的情況下，為即將隨家人搬遷的孩子說故事，或許更能為他帶來一個較清楚的搬家概念。

探索概念

　　書中的故事與圖畫，為我們與一個牙牙學語的學步兒提供了良好的討論開端。當我們與孩子分享故事時，可以問孩子一些問題，例如：「我很好奇，為什麼他要跑走？」「那個冰淇淋看起來很好吃——你想吃什麼？」以及「那隻小鳥寶寶睡在鳥巢裡，對嗎？那我們睡在哪裡呢？」以下的軼事呈現了一位照顧者如何調整她的書本分享方式，以符合孩子的個別需要：

　　拿朵拉是家庭托育中心的照顧者，負責照顧四個年紀分別從四個月到三歲大的孩子。丹尼爾是中心裡的學步兒，他的爸爸因工作需要常得離家出差。拿朵拉注意到，每當丹尼爾的爸爸出差時，丹尼爾總是表現得非常安靜，於是拿朵拉決定與丹尼爾分享雪莉·羅特勒（Shelley Rotner）的《許多的感覺》（Lots of Feelings），希望藉此讓丹尼爾表達出他的感覺。

　　當下一次丹尼爾的爸爸出差時，拿朵拉讓丹尼爾坐在她的大腿上，一起看一本書，書中活潑生動的孩子的照片，表現出他們內心的感覺。丹尼爾專注地看著一頁有一個孩子正在哭泣的照片。拿朵拉讀著內文：「我們有時會覺得難過。」並且讓丹尼爾將那張照片再看了一會兒，然後問他：「丹尼爾，爸爸出差時，你會覺得難過嗎？」丹尼爾點點頭，並且指著那張照片。拿朵拉將丹尼爾抱在懷中，並且說：「我知道你覺得難過，但是等爸爸回來時，你就會很高興看到他，並且感到很快樂！讓我們再看一些小朋友表現出不同感覺的照片。」丹尼爾當天將這本書看了幾次，隔天還想和拿朵拉再次分享這本書呢！

　　無論如何，並不是每本書的分享經驗都必須包含了與孩子討論或是提出許多的問題，過度提問會破壞了簡單的快樂與分享書籍的樂趣。雖然我們希望每次與孩子分享書籍時，都能以某種方式豐富他們的生活，但是不需要每本書的經驗都包含了一些訓示或寓意。好的書籍能夠且（有時應該）保有它們的特色。

學習與想像

　　孩子喜歡不斷重複欣賞他們所喜愛的書。如同在第一章所討論的，重複的主題能幫助孩子獲得自信，並且讓他們能和緩地探索新的概念以及較複雜的故事。小小孩喜歡可以預期的事物，以及讓他們可以反覆地以完全相同的方式來分享文本內容的書籍（雖然有時孩子會強烈地要求我們讓閱讀呈現更多樣化）。這可以讓感覺生活不時充滿驚奇與意外的小小孩感到滿意與放心。

> 小小孩喜歡可以預期的事物，以及讓他們可以反覆地以完全相同的方式來分享文本內容的書籍。

　　書籍能提升現況讓我們暫時脫離現實，以及藉由幫助孩子學習，去想像一些他們經驗範圍以外的事物，來喚起他們的想像力。在生命的頭幾個月，當物體不在嬰兒的視線範圍內時，他們在心智上無法具有物體恆存的概念。在嬰兒第一年的中期時，他們能夠記住，換言之，就是想像他們視線範圍外的物體。對於小小孩來說，這種知道從視線範圍內消失了的物體的能力，是他們朝向運用想像力，去想像他們所沒有直接經驗過的人們、地點、動物與事件的第一步。

　　當孩子學習與故事互動時，這種將影像、概念、口語或閱讀的文字連結起來的能力（換言之，就是去想像文字所代表的意義）特別重要。舉例來說，一個孩子必須具有高度發展的想像力才能享受一則神話故事。對於小小孩來說，想像開始於將簡單的影像與真實的生活做連結，有時加些改變或改編會使得它變得比較有趣。例如：照顧者可以將一隻狗的圖畫展示給小嬰兒看，並且說：「有一隻狗和你的狗一樣，只是這一隻有黑色的斑點和一條長尾巴，你的狗有棕色的毛和一條短尾巴。」

書籍能夠強化彼此關係

　　書籍能夠提供人們一些彼此相愛與關懷的模範方式。許多簡單的故事傳達出親密與熱情的意識，有時溫和而嚴肅，例如：瑪格麗特・懷茲・布朗的《月亮晚安》（Goodnight Moon）（上誼）以及崔西・庫克（Trish Cooke）的《滿滿的愛》（Full, Full, Full of Love）；有時讓孩子稍微接觸一些有趣的故事，他們就會咯咯地笑個不停，例如：奧黛莉・伍德（Audrey Wood）的《打瞌睡的房子》（The Napping House）（上誼），內容描述一個熱鬧的家庭，其中的成員與動物們一個接一個往上堆疊在一起打瞌睡的故事。

　　另一種重要的用來加強彼此關係的技術性書籍，能有效消除孩子的疑慮，例如：馬丁・韋德爾（Martin Waddell）的《小貓頭鷹》（Owl Babies）（上誼）。故事的內容是有三隻貓頭鷹焦急地等著媽媽回家，後來貓頭鷹媽媽最後終於回來了。當孩子們聽到「媽媽回來了」的訊息時，都感到很放心。與孩子分享這樣的故事，可以讓他們知道我們了解他們所關心的事，並且會幫助他們處理他們的情緒。

◉《月亮晚安》

故事中即將入睡的小兔子，向周圍所有的東西道晚安後入眠。簡單的故事傳達出了溫馨、安逸的氛圍，是適合幫助孩子入眠的睡前故事。

（出版社：上誼文化實業股份有限公司）

◉《小貓頭鷹》

故事中三隻小貓頭鷹著急地等媽媽回家，直到看到媽媽後，終於解除了不安、焦躁的情緒。這本書可以用來加強親子間的情感，調解孩子的分離焦慮。

（出版社：上誼文化實業股份有限公司）

享受身體接觸的親密感

無論書本的內容為何，分享書籍的行為本身就能提升彼此的關係，因為它幾乎無可避免地會造成成人與孩子間身體的親密接觸。事實上，這就是分享故事時，不要同時與兩個或三個以上的孩子一同分享的原因之一。分享書籍為每個孩子提供了能夠舒服地依偎著你的機會，也提供了他們可以同時觸碰你與書本、問問題，與提出所喜愛的圖畫或角色的機會（Neuman, 2006）。

在建立彼此親密和善的關係時，很重要的是將一種放輕鬆的身體親密感與共同歡樂享受的活動結合在一起。以下是一些例子：一面共同分享奧黛莉・伍德的《糊塗的莎莉》（Silly Sally），一面因其中滑稽的圖畫而發笑，學圖畫中的嬰兒一樣拍手；或是一面看著比爾・馬丁（Bill Martin, Jr.）的《嘰喀嘰喀碰碰》（Chicka Chicka Boom Boom）（上誼），一面發出與書上文字一致的聲音（或類似的聲音）。這些在親密的身體接觸時，共同歡樂享受的活動，都能讓幼兒與照顧者相互體驗到，並且增強彼此情感與信任的連結。

書本也能增強孩子與其他孩子間的關係。分享書籍的經驗為學步兒提供了談論的話題，並且建立了他們的遊戲內容：

◉《嘰喀嘰喀碰碰》

有趣好玩的英文字母書，透過豐富的圖像及富節奏的音韻，讓親子共享幽默逗趣的英文閱讀世界。

（出版社：上誼文化實業股份有限公司）

在讀完了一本將嬰兒妥善放到床上睡覺的故事後，二十八個月大的摩蕾格牽著賽斯的手，拍拍自己身邊的墊子，示意要他躺下。賽斯舒適地依偎著她睡，摩蕾格輕柔地拍著他的頭，並且將一條娃娃的睡毯拉到他下巴的位置，就像是她所看到書中媽媽們的行為。

欣賞多樣性

　　書本能為孩子提供一個管道，讓他們了解與自己不同的環境與社區。舉例來說，芭芭拉·恩喬絲（Barbara Joosse）的美麗繪本《媽媽，你愛我嗎？》（*Mama, Do You Love Me?*）（親親文化），故事是有一位愛斯基摩的小孩用一些問題，像是「無論我做了什麼，和無論我是誰，你都會愛我嗎？」來測試媽媽愛她的強度。學步兒可能會注意到，在故事中，孩子住的地方與他們的不同，但所關心的問題全世界都一樣，因此能直接理解。

◎《媽媽，你愛我嗎？》

故事中愛斯基摩的孩子，利用問一些問題來測試媽媽對她的愛。藉由閱讀這本書，孩子知道全世界不同種族的孩子所關心的問題都一樣。

（出版社：親親文化事業有限公司）

　　插畫家也描繪出多樣性，例如：葛妮絲·史淵（Gwenyth Swain）為小小孩所寫的系列叢書，將焦點放在全世界的孩子每天所進行的活動上，包括了《洗碗》（*Wash Up*）、《運送》（*Carrying*）、《吃》（*Eating*）、《慶祝》（*Celebrating*），與《睡覺時間到了》（*Bedtime*）。這些書籍透過高品質且極精確的影像去捕捉這些經驗的多樣性。梅·福克斯（Mem Fox）的《無論你是誰》（*Whoever You Are*），是一本適合與學步兒分享的傑出繪本。他藉由點出所有孩子的共同感受，而不著墨於背景與文化，來強調孩子間的相似性。

> 書籍能夠幫助孩子發展他們的自我認同。

　　書籍能夠幫助孩子發展他們的自我認同，這對於關係的形成具有決定性的因素。嬰兒與學步兒正處於發展自我認同的關鍵期早期：我是誰？我是一個有價值的人嗎？我能和別人和睦相處嗎？我討人喜歡嗎？（Puckett & Black, 2007）孩子的自我感覺對於他們的整體發展來

說，就像是他們的學習一樣重要（Bardige & Segal, 2005）。當孩子發展出一種自己本身能產生影響力的感覺時，會變得更有自信去探索、冒險與嘗試不同的事情。對於孩子的努力抱持支持態度的成人，促成了孩子的自我價值感，並且讓他們了解，其他人也同樣擁有許多相同的感覺與挑戰。書本能提供額外的證據，證明其他跟他們很像、但在某些方面不一樣的人們，一起分享相同的情緒、關心相同的事物並面對類似的挑戰。

書籍能夠支持啟蒙的讀寫能力

具有豐富書本經驗的孩子總令人驚訝其在極年幼時，就能理解語言的節奏與形態。當分享故事時，孩子開始模仿照顧者所使用的語言與手勢。當他們「閱讀」圖畫時，有時會翻頁並持續發出輕柔的聲音。雖然我們還無法預期嬰兒與學步兒進行學習閱讀與書寫，但無論如何，他們正發展出一種為未來的讀寫能力打下基礎的技巧。與小小孩分享繪本，可以藉由以下的方法來支持他們的讀寫能力：

◆ 幫助孩子了解圖畫與文字都是可被詮釋的象徵符號。
◆ 讓孩子接觸新的文字，由此增加他們的字彙能力。
◆ 讓孩子對文字不會感到陌生。

了解圖畫與文字就像是象徵符號

大部分十八個月內的嬰兒，如果與成人一同探索與分享書籍，會表現出了解圖畫在真實世界中象徵了一些事物，這種理解力是人類獨有的特性（Barton & Brophy-Herb, 2006）。舉例來說，十二個月大左右的嬰兒似乎了解書上所畫的杯子，很像是她每天用來喝水的那一個。她或許會藉由一面看著杯子的圖畫，一面指出視線所及的杯子，來表現她對兩者之間關係的理解。另一個十七個月大與爸爸一同讀著《月亮晚安》的孩子，當爸爸翻到一頁有一位安靜的老太太低聲說：「喔！安靜」時，或許也會低聲地說：「噓！安靜」（Schickedanz, 1999）。這時孩子了解到圖畫是真實事物的象徵符號，也是朝向了解文字並代表了真實世界各項事物概念的第一步。

　　十五個月到二十個月大的孩子或許開始注意到文字與圖畫，三十二個月大的孩子或許會隨著一行行的文字，移動她的一根手指頭，或是整隻手，並且照著她的記憶，說出文本的內容（Schickedanz, 1999）。雖然持續回答孩子所提出的問題：「它在說什麼？」可能令人精疲力竭，但是對於孩子的啟蒙讀寫能力來說，能夠認識圖畫和文字傳達出的各種意義，是非常重要的一個階段（Neuman, Copple, & Bredekamp, 2000）。

《小兔子克那弗》的運用

　　以莫・威樂所著、令人感到愉悅的繪本《小兔子克那弗》為例，這是一本很好的繪本，以多元的方式讓孩子受益（本書在第三章曾介紹過）。這本書是有關學步兒崔西的故事。她在去自助洗衣店的路上，遺失了她心愛的兔子玩偶。分享《小兔子克那弗》能達到以下的功能：

豐富孩子的生活　藉由肯定、尊重與延伸孩子對世界及對自己的了解，能豐富孩子的生活。每個星期與父母一起到自助洗衣店的學步兒，將能認同崔西的經驗。在和一些從未有過類似經驗的學步兒分享這個故事時，我們可以提供他們接觸一個新的概念——自助洗衣店之旅，或許能夠延伸他們已有的、與洗衣服相關的經驗。

增強彼此的關係　透過親密的肢體接觸與談話，與嬰兒及學步兒分享書籍。學步兒如果有自己心愛的玩具，或許能了解崔西在自助洗衣店時，那種對於心愛的兔子玩偶失而復得的心情。

支持啟蒙的讀寫能力　當嬰兒與學步兒開始知道故事與書本如何「起作用」後，《小兔子克那弗》為小小孩提供了機會去了解故事的結構（包括故事的起頭、中間、結尾、角色與情節），以及文字與圖畫如何去傳達或敘述故事的意義。

❖ 孩子透過閱讀，了解文字與圖畫都是可以被詮釋的象徵符號。

（照片提供：耕心托兒所）

增加字彙

　　分享書籍將擴充小小孩逐漸增加的字彙。故事書使用文字的方式往往與孩子每天說話的方式不同，書籍使用文字的方式也普遍不會出現在日常說話中。舉例來說，《打瞌睡的房子》包含了許多有關描述打盹的文字，例如：「小憩」、「打盹」與「打瞌睡」。這些文字很少出現在成人與孩子的談話中。孩子經由在故事的背景中聽到新的文字，並且加上成人的解釋，使得他們對文字的理解力增長，最終他們會吸收新

◉《打瞌睡的房子》

故事中滿屋子打瞌睡的人及動物充滿了逗趣的表情，不斷重複的句型及有關打盹的文字，讓孩子在故事的背景中學習到許多新的字彙。

（出版社：上誼文化實業股份有限公司）

的文字成為日常口語使用的字彙。

學習印刷文字的常規

透過早期接觸書本的經驗，孩子學習到以他們自己的語言學習有關閱讀的常規。舉例來說，小小孩從使用英文的書籍中，學習到閱讀內文的方向是從書的前到後，以及從書頁的左到右、上到下。其他語言的書籍有不同的文字印刷常規。孩子得知書有名字（或書名），以及書是由作者所寫的。一些較大的學步兒或許對於不同規則的書籍版面編排很感興趣。舉例來說，一些書的閱讀方向是由後到前、從右到左，或以直排的方式由上到下。

問題與討論

假如一位父母或同事問你，為什麼你要和嬰兒與學步兒分享書籍，你將如何以你自己的意思表達？寫下你可能做出的反應。

書的類型

各類豐富的書籍能讓我們對於書的選擇充滿趣味與挑戰性。以下介紹目前可取得的一些書籍類型的概要，能幫助你開始或延伸有關嬰兒和學步兒的藏書。以下的概要是以兩種部分重疊的方式分類書本：以「內容」分類（例如：主題素材、紀實或小說），以及以「結構」分類（例如：利用特殊材質製作的書籍）。

內容

根據書的內容分類，以下針對五種類型的書籍做描述：(1) 資訊類與概念類的書籍；(2) 具有情節的故事；(3) 以童謠、詩或歌曲為特色的書；(4) 個人的書；(5) 不是專為幼兒所設計，但卻吸引這個年齡層孩子的書籍。

資訊類與概念類的書籍

　　小小孩對於自己生活的世界經驗有限。書本能幫助成人描述或解釋孩子所感興趣的東西、動物、人們以及現象。舉例來說，一本有關動物的繪本除了可以包含孩子原本所熟悉的一些動物，也可以介紹一些新的動物讓孩子認識。一個對任何種類的車子都感興趣的孩子，我們可以利用一本有關汽車與卡車的書來提供他相關的資訊，使他感到滿足。

　　書本所提供的故事內容不必總是要能深深吸引小小孩興趣的學習經驗。為嬰兒與學步兒所寫的資訊類書籍，每一頁中，可能只以一個簡單的東西或動物為特徵，經常但並非總是伴隨著一個識別的標記或其他簡短的文本，像這類專為小小孩所寫的書，內容經常是以每天或一般性的主題為主，例如：農場動物、「各類運載工具」、家人、食物、玩具或是家庭用品。例如：羅傑・皮迪（Roger Priddy）的《動物》（*Animals*）就包含了許多附有牠們名字的動物圖畫。

　　字母與數數書是典型的資訊類書籍。小小孩喜愛這些書，但我們不應該期待這個年齡層的孩子去記憶這些字母，或是去學習數數：

　　當裘安與兩歲半的克萊拉分享瑞克・沃爾頓（Rick Walton）與佩琪・米格里歐（Paige Miglio）合著的《好多的兔子》（*So Many Bunnies*）時，並沒有試著去教克萊拉字母所拼出來的字，也沒教他如何數算每一頁上的小兔子。他一面簡單地讀著押韻的文本，一面偶爾用手指指文本，並且讓克萊拉享受這本不僅有趣、好玩的故事，也是字母與數數的書。

　　一本概念類的書是有關一個抽象的主題或題材，例如：顏色、形狀或大小。這些書通常在每頁中，以一個圖畫代表某種概念的一些特點或差異。像是資訊類書籍中的圖畫，通常附有一個稱號，或是一點說明性的文本。例如：一本關於顏色的書，或許書頁中會有幾個紅色的東西，旁邊附有文字標明「紅色」。以下是一些優良的概念類書籍：

- 安西雅‧席維金（Anthea Sieveking）的《什麼顏色？》（*What Color?*），書中使用了一些物品與孩子的彩色照片。
- 伊恩‧福克納（Ian Falconer）的《奧莉薇的相反世界》（*Olivia's Opposites*），書中深受孩子歡迎的豬奧莉薇教幼兒「相反」的概念。
- 塔納‧荷本（Tana Hoban）的《黑看白》（*Black on White*）（上誼）與《白看黑》（*White on Black*）（上誼），都是無字的概念類書籍。這兩本書，一本在白色書頁上以黑色呈現每天所見的東西，而另一本則在黑色書頁上以白色呈現每天所見的東西。

孩子從資訊類與概念類書籍中獲得的知識，延伸了他們對於世界的了解，引導並且幫助他們講述與閱讀故事。照顧者可以用一般的方式與孩子分享資訊類與概念類書籍，也可以運用創意的方式使用這些書，以作為談話與說故事的主題或開端。

問題與討論

1. 什麼時候你會使用資訊類或概念類書籍？
2. 你所照顧的孩子如何回應這些書籍？

書中的手語

近期所出版的一些資訊類與概念類書籍，同時包含了手語與文本，也就是說文本含有符合其意思的手語圖像。當書中包含了手語的圖畫時，對於有聽力障礙的孩子能發揮極大的功效，成人與孩子兩者都能學習簡單的手語。

一些經典的繪本，例如：比爾‧馬丁的《棕色的熊、棕色的熊，你在看什麼？》（*Brown Bear, Brown Bear, What Do You See?*）（上誼），以及瑪格麗特‧懷茲‧布朗的《月亮晚安》（上誼），都有含手語的版本。聲譽佳的書

（續下頁）

店與兒童圖書館員都可以找到或代為訂購這些書籍。

世界上有幾種手語，其中兩種全球通用、以英文為基礎的手語是美國手語（ASL）與澳洲手語（AUSLAN）。我們無法每次都分辨得出書籍到底用的是哪種手語，除非選書的人深諳手語。對於聽力正常、學習手語只是為了多增加一種溝通技巧的孩子來說，學習特定的手語或許並不重要，但是對於聽力障礙的嬰兒來說，選擇書中包含了他們與家人常用的手語就非常重要了。

以下是一些使用美國手語的書籍：

● 瓊・赫伯（Joan Holub）的《我的第一本手語書》（*My First Book of Sign Language*）。

● 安妮・卡伯爾（Annie Kubler）的《大家一起比和唱：一閃一閃亮晶晶》（*Sign and Sing Along: Twinkle, Twinkle, Little Star*）。

● 安東尼・路易斯（Anthony Lewis）的《吃飯了》（*Meal Time*）。

出版商「兒童的遊戲」（Child's Play）使用澳洲手語為嬰兒與學步兒出版了一系列可愛的書。這些書以自然的方式包含了多樣性的內容，並且為成人提供了清楚的用法說明，幫助他們在分享這些書本時能正確地使用手語。

棕色的熊、棕色的熊，你在看什麼？

文 比爾・馬丁　圖 艾瑞・卡爾

◉《棕色的熊、棕色的熊，你在看什麼？》

書中重複的韻律及節奏，富創意及色調鮮明、活潑的拼貼畫，深受孩子的喜愛，並且已有手語的版本發行了。

（出版社：上誼文化實業股份有限公司）

書本與故事情節

　　適合嬰兒與學步兒的故事書，通常都會有一位主角或是孩子可以辨認的一些角色。這些角色在日常生活中經歷了各種冒險活動，例如：穿衣服、進食，以及上床睡覺；或是他們的冒險活動很滑稽或瘋狂，專門設計用來娛樂孩子並刺激他們的想像力。以下的例子是一些具有想像力的情節，能喚起孩子熟悉經驗的好書：

　　哈里特・利弗特（**Harriet Ziefert**）的《**海灘派對！**》（*Beach Party!*）　書中的各種動物以自己獨特的移動方式，遊行穿過海灘。學步兒會因為動物在海灘上遊行的點子而發笑，也可能會喜歡模仿書中動物的移動方式（如：滑動、旋轉或飛奔）。

　　艾瑞・卡爾的《**袋鼠也有媽媽嗎？**》（*Does a Kangaroo Have a Mother, Too?*）（**上誼**）　書中針對許多不同動物提出了重複的問題。其中一些是孩子

◉《袋鼠也有媽媽嗎？》
書中簡單的情節及重複的問題，傳達出每種動物都有媽媽，而且
所有的媽媽都愛她們的孩子。

（出版社：上誼文化實業股份有限公司）

熟悉的動物,有些則不是。書中簡單的情節傳達出每種動物與人都有一個媽媽,而且所有的媽媽都愛她們的孩子。

查理斯‧福吉(Charles Fuge)的《我的爸爸!》(*My Dad!*) 書中寶寶對朋友誇耀他的熊爸爸既高大、粗暴又強壯,但是當他獨自一人在叢林裡時,他最想要的是來自熊爸爸溫暖的擁抱。許多學步兒都能認同這種擁抱所帶來的安慰與舒適感。

一些書籍像是茱蒂‧興德烈(Judy Hindley)的《大紅公車》(*The Big Red Bus*),結合了一個簡單的故事(一趟公車之旅)與資訊(交通工具的形式)。這本獨特的繪本吸引了對移動的東西(如:公車與卡車)著迷的孩子。孩子們喜歡經由適時地在故事中大喊一些字,例如:「停」與「救命」,來參與大紅公車的冒險。

許多適合小小孩的書籍內容包含了文字與圖畫的故事情節,而另一些則沒有文字,或是只有少許的文字。即使沒有文字,這類書中最優秀的作品,仍然傳達出角色的特質、時間與情節。它們是極佳的資源,因為插畫或照片可以激發出想像力,並且為成人與孩子提供說故事的開端。一些優良書籍包括了:派特‧哈欽斯(Pat Hutchins)的《變,變》(*Changes, Changes*),路易斯‧艾勒特(Lois Ehlert)的《顏色農場》(*Color Farm*),海倫‧歐克森柏利的《第一本書》(*Very First Books*)系列,芭芭拉‧雷門(Barbara Lehman)的《紅顏色的書》(*The Red Book*),以及艾蜜莉‧阿諾德‧麥卡利(Emily Arnold McCully)的《野餐》(*Picnic*)。

以童謠、簡單的童詩或兒歌為特色的書

這類書籍與富有故事情節的書部分重疊,就像是一些童謠、童詩與兒歌經常在敘述一個故事一樣。舉例來說,鮑威(C. W. Bowie)在《忙碌的腳趾頭》(*Busy Toes*)中,使用了有關腳趾頭的押韻文本,讓孩子有機會一面聽故事,一面享受動動他們的腳趾。西維雅‧朗(Sylvia Long)的《安靜小寶貝》(*Hush Little Baby*),就是一個以歌曲形式敘述故事的絕佳例子。一些以童謠、

以藝術為基礎的書

以藝術為基礎的書雖然量不多,但因為一些孩子與他們的家人特別喜愛這類書籍,因此值得一提。這類書籍使用著名藝術家的作品作為插畫,例如:茱莉・馬柏格(Julie Merberg)與蘇善・波伯爾(Suzanne Bober)的《與馬諦斯共度神奇的一天》(*A Magical Day with Matisse*)。這是一本硬頁書,故事內容不受束縛,與藝術家亨利・馬諦斯(Henri Matisse)的一些名畫作風一致。在專業書店與博物館的禮品店中能找到以藝術為基礎的書籍。

童詩與兒歌為特色的書本,也有非常特別而優秀的插畫。這類書中的故事與語言能令人感到興奮、有趣、寬心、放鬆,並且總是能吸引小小孩的注意力。

個人的書

這些具有獨創性的書籍,是由小冊子、雜誌、賀卡與其他文件材料所剪下的,內容敘述有關孩子個人的經驗,例如:一個假期,或某一次隨著團體到公園散步的故事。這些對於任何的收藏來說,都是具有價值的附加物。這些書通常非常受到孩子的喜愛,尤其當負責介紹與分享的成人渴望與孩子談論那些圖書,及其個別意義時。

其他書籍與印刷素材

這類書籍包括(但不限於)旅遊、自然、烹飪,以及藝術書籍,甚至還包括小冊子、目錄,以及指導手冊。孩子有時會對書與其他的印刷素材表現出極大的興趣,但並非為了學習的情形,對此,我們必須抱著接納與欣賞的態度。

特別為較大的孩子與成人所設計的書,或許會吸引嬰兒與學步兒,尤其是如果其中包含清楚、出色的圖畫、圖表,以及吸引孩子的主題。某天一位照顧者拿了一份田野簡介到她的學校,以幫助同事分辨一種馬,後來一位嬰兒發現

了這份簡介，並且連續幾天，每天都花了二十多分鐘，全神貫注地坐著研究上面的圖畫。有時嬰兒或學步兒會對著某張圖畫或圖表深深地著迷，這通常都反映出孩子非常獨特的品味。舉例來說：

> 學步兒蘿絲最近對於一本充滿了圖表的指導小冊子非常著迷，這本冊子是她家庭托育中心照顧者新買的洗衣機使用指南。因為蘿絲太頻繁地要求照顧者「讀」給她聽，照顧者最後終於「央求」蘿絲的爸爸將它帶回家與蘿絲分享。

問題與討論

1. 你與所照顧的孩子是否曾特別喜愛一些「非傳統的」書籍或其他素材？請舉例。
2. 你如何發現孩子對這些素材有興趣？
3. 你如何與孩子的家人討論這些被挑選出來的有趣書籍或素材？

結構

第二種為小小孩將書籍分類的方法是依照書的製作方式來做區分。可分為硬頁書、大書、布書、塑膠書、立體書與新穎小巧的書。

硬頁書

對幼兒來說，硬頁書是最普遍可得的書本。這類書籍具有厚重的硬紙板，適合可能想要自己看書的較大嬰兒與學步兒使用。這些孩子正努力地試著小心使用書籍，並想要翻頁，但還無法控制自己的技巧，好讓自己在享受書本之餘，不去損壞或撕破書本。一些硬頁書相當「厚實」，尺寸或許是 9 公分平方乘以 2.5 公分或更厚。這對嬰兒來說是一個便利的尺寸，他們正逐漸掌握手的

❖ 堅固耐用的硬頁書與布書適合小小孩閱讀與操作。

（照片提供：耕心托兒所）

使用方式，像這樣大小的書，能讓他們舒適地握著；書頁的厚度足以讓嬰兒順利翻動，而且結實得禁得起他們來回翻弄。學步兒喜歡帶著這些書到處走，並且沿途與洋娃娃和泰迪熊一起分享與「閱讀」。

硬頁書也有製作成標準繪本尺寸的大小。在幼兒照顧中心裡，這些或許是孩子最熟悉也最受歡迎的書籍。硬頁書很結實，並禁得起拍打、攜帶，也可當作遊戲的補充素材。這些書也大到足夠讓照顧者與兩三位緊緊依偎在她身旁的孩子一起分享。

大書

> 對嬰兒與學步兒來說，分享書籍應該是一種舒適而融洽的經驗。

許多繪本也會製作成超大型「大書」的版式。舉例來說，如果一位成人負責為一大群孩子說故事，這些大書就能發揮功能。無論如何，對嬰兒與學步兒來說，與一位成人或其他一兩個孩子一同分享書籍，應該是一種舒適而融洽的經驗，在這種情況下則不方便

使用大書。當成人的大腿上坐滿了小小孩時，是很難翻動書頁的；又或者當孩子坐在成人周圍，成人同樣很難因應這個年齡層孩子的要求，將書拿近給每個孩子看清楚書中的圖畫。這時將大書放在地板上，讓一或兩個孩子與成人一同分享或許是可行的。無論如何，大書對三歲以下的孩子，並不是最適當的選擇。

布書

布書（類似一般人所稱的「碎布」書）一般是為稚齡的嬰兒所準備。布書被製作成禁得起拍打、啃、咬、擠壓，以及其他較粗魯的使用方式，並且可以丟進洗衣機中清洗。我們經常可以在手工藝市場、展覽會場，以及一般的書店中找到美麗的手工製布書。這些書在交給嬰兒前，必須經過小心地檢查，以確保沒有安全方面的問題，例如：扣子或鬆脫的部分會被扯下來。

塑膠書

塑膠書（有時又稱為「洗澡書」）和布書一樣，也是製作成禁得起粗魯地操作。但是塑膠書能浸在水中，被擠壓也不會造成永久的損害。當然，如果我們允許孩子粗魯地對待書，會造成孩子的困惑，因為嬰兒與學步兒或許還不能完全了解，紙製書不能同樣浸在水中，也不能擠壓。塑膠書容易清洗，尤其是在團體中被使用過後，這是一項優點。

然而，一般來說，塑膠書較無法提供書本經驗，因為塑膠書製作的主要目的是為了提供遊戲所需。舉例來說，一本洗澡書或許會將一個小東西（像是一根茶匙）與一個大型的物品（像是拖拉機）安排在同一頁上；相對地，這兩件物品好像被描寫成相同的尺寸。而許多塑膠書的背景或書緣顏色鮮亮，也使人難以判斷在一頁中，哪個物品才是主角。要找到高品質的塑膠書需要時間與耐心。

立體書、翻翻書，以及其他新穎小巧的書

專為嬰兒與學步兒所設計的新穎小巧的書，典型提供了簡單的故事或大量

從搖籃曲到幼兒文學
From Lullabies to Literature

的圖畫，外加一個特殊設計的特色，例如：一片可以翻閱的軋形片，讓孩子揭露出下面的圖畫，或是將書頁上的圖案剪下來，讓孩子能夠看穿到下一頁。珍妮（Janet）與艾倫・艾爾柏格（Allen Ahlberg）的《躲貓貓！》（Peepo!）以及吉尼特・羅爾（Jeanette Rowe）的《誰的尾巴？》（Whose Tail?）或是《誰的房子？》（Whose House?）都是這類書的優良範例。吉尼特所著的一系列翻翻書很適合年齡小的孩子，這系列故事情節簡單，搭配了相稱、用色大膽的圖畫。重要的是，軋形片必須占整頁大小的一半，孩子的小手及手指就比較容易掀開。

　　其他新穎小巧的書或許讓孩子投入另一種活動，例如：感受一下書頁上不同的質地、在插畫中尋找出隱藏的東西、將小玩偶或其他東西放入插畫中的口袋裡，或是當讀到文本中有關拍手跳躍的部分時，也被激勵地跟著一起做。書中若有東西或材質可供觸碰，對於有視力障礙的嬰兒與學步兒特別有幫助。

問題與討論

將你與孩子分享的書做一番省視：

1. 這些書代表了什麼內容種類？是如何製作的？
2. 你的藏書種類平均嗎？換言之，某種類型的書太多，而別種又顯得不夠嗎？

建立藏書

　　有非常多的書可供我們選擇，評量與選書是一種挑戰；儘管事實上擁有任何書總比一本書都沒有好，但是一個幼兒課程中，是否能提供最好與最適當的材料是其品質的重要指標。以此為考量，這一部分將焦點放在為嬰兒與學步兒建立或增添藏書的指導方針上。

多樣化

建立或增添藏書的最重要部分在於確保多樣化。以上所討論的書本種類，都應該含括在收藏的範圍內。概括來說，因為年幼的孩子對於周遭的世界具有熱切的興趣，所以他們與較大的孩子需要接觸許多概念類與資訊類書籍的機會一樣多。無論如何，在令人驚奇的童年裡，許多孩子會變得對簡單的故事與一些內容較複雜的故事同樣地感興趣。弗羅拉・麥當萊爾（Flora McDonnell）所著的《濺起水花！》（*Splash!*），插畫作風大膽、輪廓清晰，加強了有趣的故事內容，很適合小小孩。陶德・帕爾（Todd Parr）為幼兒所著的一系列書籍，插畫顏色豐富，但內容簡單。這一系列包括了《和平》（*The Peace Book*）、《爸爸》（*The Daddy Book*）、《媽媽》（*The Mommy Book*），以及《家庭》（*The Family Book*），這些簡單的文本為學步兒的故事分享提供了一個開端。

要想預測什麼樣的書才能吸引孩子的注意力並不容易，有時某本看來似乎對孩子「太過時」的書，卻成了孩子個人最喜愛的一本書。我們需確實將一些原本不是為了這個年齡層的孩子所寫的書，以及其他的印刷素材（如目錄），包括在我們的藏書中，孩子有時會發現這個資源相當吸引人。

六個月以下的嬰兒特別喜愛押韻與有趣的書，包括了童謠、簡短的童詩或是伴隨了圖畫的兒歌。此外，具有不同質地，可以去觸摸、感覺的書本，也很吸引嬰兒。孩子會被其他寶寶的照片深深吸引，例如：插畫家海倫・歐克森柏利所畫的《拍拍手》（*Clap Hands*）和《說晚安》（*Say Goodnight*），其中巧妙地描繪了一張大圓臉。孩子家人的照片、托育中心裡所發生熟悉經驗的照片、繪本中黑與白的設計，以及包含了有趣圖畫的書，與文本中單獨的一個字，都能被小小孩以及較大的孩子以不同的方式所欣賞。

當嬰兒較大時，他們會欣賞簡短的故事，與有關動物、物品和人們的圖畫，就像是欣賞書中一些特殊的特質一樣，例如：翻翻書，與嵌入發音器的書。雖然我們已經知道了許多典型的發展模式（請見第二章），每一個孩子都是獨特的。沒有兩個同齡的孩子具有完全相同的技巧、理解力與興趣。因為這

種豐富的個別差異，小小孩對於故事、書籍與其他印刷素材的偏好範圍相當廣泛，以下的例子可作為參考：

> 在泰倫絲所照顧的學步兒教室裡，兩歲大的孩子們各自喜愛不同的故事經驗。多明尼克喜歡聆聽照顧者吟誦童謠。他努力地試著去模仿他所聽到的聲音，其中有些聲音是已預期較大的孩子所發出；芙萊兒喜愛具有相當複雜情節的繪本，並且很專注地聆聽為大約三、四歲的孩子所準備的故事；莎曼珊對於每頁中有一或兩個字的硬頁書較感興趣。一些孩子在泰倫絲的教室裡探索簡單的硬頁書與較複雜的故事。

其他因素

建立藏書除了多樣化外，還有一些品質的問題需考量。以下是有關書籍內容的考量：

- 迷人的文本。文本是否令人難忘？為了吸引孩子的興趣，增添了哪些成分以增加故事整體的影響力？
- 熟悉的主題。
- 描述融合與尊重多樣性。
- 沒有偏見或刻板印象。
- 能夠反映與探索感情。
- 吸引廣大的年齡層。
- 幽默感與想像力。
- 對於托育中心裡的文化、語言與家庭的價值觀具有感受性。
- 適當地使用幻想的成分。
  其他有關整體呈現與版式需考量的品質則包括：
- 優異的插畫。
- 屬於系列作品中的一冊，或是單獨的一冊。

- 伴隨有效的解說（錄音帶、錄影帶）。
- 堅固與安全，能禁得起孩子獨立地使用或粗魯地操作。
- 具有足以讓成人與孩子一起分享的特殊品質。

迷人的文本

　　我們不會一直都閱讀有文本的書，而我們也不會總是讀那些逐字印刷的文本的書。無論如何，當我們選擇藏書時，需注意文本的內容。藏書需包括一些具有押韻或重複性的文本，這些文本都以有趣的方式進行「玩聲音」的遊戲。這些書不僅介紹孩子口腔發聲的節奏，也增加了孩子的字彙，並且為孩子對於音位察覺力的發展奠下基礎。以下的例子是一些使用韻文提升孩子對於聲音與文字興趣的好書：

- 凱文‧路易斯（Kevin Lewis）的《嚓嘎嚓嘎啾啾》（*Chugga-Chugga Choo-Choo*）。
- 保羅‧李林斯基（Paul O. Zelinsky）的《哩咯哩咯呸低哇科》（*Knick-Knack Paddywhack*）。
- 比爾‧馬丁的《棕色的熊、棕色的熊，你在看什麼？》，《北極熊、北極熊，你在聽什麼？》（*Polar Bear, Polar Bear, What Do You Hear?*），與《熊貓、熊貓，你在看什麼？》（*Panda Bear, Panda Bear, What Do You See?*）。

　　孩子學習閱讀時，需要其對於口腔發聲的結構具有相當的察覺力（Neuman, Copple, & Bredekamp, 2000）。「音素的察覺力」（phonemic awareness）是以一種語言去辨認與操作有意義的聲音之最小單位的能力，是一種能夠預測孩子在學齡早期，是否能成功閱讀的最重要技巧之一，它能幫助孩子聽到口述的談話中最相似與最相異之處。這種技巧稍後轉化為組成字母─聲音連結的技巧，是了解印刷文字所必須具備的（Juel, 2006）。學習去聆聽與發現聲音的樂趣，與聲音的組合，例如：〈巴阿，巴阿，黑綿羊〉或是《滴答滴答　滴答》都能夠為語言遊戲提供一個重要與愉快的起點。這樣的遊戲將導致對音素，甚至讀寫能力的察覺力。

熟悉的主題

需囊括許多有關孩子生活中所熟悉的東西、人們、動物或事件。這個世界對小小孩來說是一個新的、不熟悉的地方。一個日常用品的圖畫能引起孩子覺得「和我的一樣」的反應，或是一張畫了一個小孩正做著孩子所熟悉的事的簡單插畫，都能讓孩子感到興奮與安慰。這一系列叢書包括了潘蜜拉・維納斯（Pamela Venus）的《讓我們上床，讓我們餵鴨子，讓我們開開心心地玩》（*Let's Go to Bed, Let's Feed the Ducks, Let's Have Fun*），以及莎拉・海斯（Sarah Hayes）的《吃完，珍瑪》（*Eat Up, Gemma*），這些書對小小孩來說，都是有關日常活動故事的好例子。

描述融合與尊重多樣性

選擇一些能夠反映出你托育中心裡孩子的生活及社區情形的書，同樣地，也介紹一些包含了其他的生活形態與文化的書。換句話說，你所收藏的書中應同時反映出文化的相似性與相異性。嬰兒特別愛看其他孩子的照片，這種天生的好奇心為介紹書中寬廣的多樣性提供了很好的機會。我們可以另外補充一些其他社區、國家、文化，以及穿著不同服裝，以不同方式被載送的嬰兒與學步兒的圖畫。舉例來說，安・莫理斯（Ann Morris）的《麵包，麵包，麵包》（*Bread, Bread, Bread*），使用了許多照片表現世界上充滿愛的家庭與快樂的孩子享用不同的麵包。這樣的書也表現出全世界的孩子都被愛他們的人所照顧。

處於兩歲與三歲間的孩子典型地對其他人身體的特徵變得更有興趣。

書本在幫助孩子接受與尊重多樣性方面，扮演了一個重要角色。處於兩歲與三歲間的孩子典型地對其他人身體的特徵變得更有興趣。他們對所注意到的，或許會提出問題或指出不同處，例如：皮膚顏色或身體能力。海倫・歐克森柏利的《拍拍手》、《倒下來》（*All Fall Down*）、《說晚安》，描述一些不同種族的嬰兒與學步兒在一起玩得很高興。無疑地，這是以一種

溫和與適當的方式，為小小孩介紹並讓他們了解多樣性。當我們介紹的書以一種自然的方式將多樣性放入其中，孩子將熟知人與人之間有許多的不同，並且了解他們是正常的。

作者維拉・威廉斯（Vera B. Williams）也採用這種融合的方式，描繪許多具有不同特質、來自不同背景的孩子間的互動，而不是將注意力放在他們的相異處。她的《寶寶說「還要，還要，還要」》（"More More More," Said the Baby）、《每個人的音樂》（Music, Music for Everyone），以及安德莉亞（Andrea）與布萊恩・皮克尼（Brian Pinkney）的《我聞到蜂蜜味》（I Smell Honey）都是自然地將多樣性放入書中的良好例子。柏妮絲・瑞碧（Berniece Rabe）的《小皮在哪裡》（Where's Chimpy）將焦點自然地集中在故事裡有特殊需要的角色上。其他描述多樣性的書，例如：瑪喬麗・皮特勒（Marjorie W. Pitzer）的硬頁書《我能，你能嗎？》（I Can, Can You?），以及南・包德史瓦茲（Nan Bodsworth）的《叢林裡美好的散步》（A Nice Walk in the Jungle），都以自然的方式將身障者的角色放入故事中，很適合較大的學步兒閱讀。在珍・科文—法樂奇（Jane Cowen-Fletcher）的《超級媽媽》（Mama Zooms）中，一個孩子與他的媽媽一起經歷了許多美好的冒險。插畫漸進式地展現出孩子的媽媽坐在一張輪椅上，但以一種合乎實際情形的方式進行冒險。故事的重點放在母親與孩子的關係，以及他們在一起玩得很開心的經歷上。

有時有些托育中心排斥提供機會給有特殊需要的孩子，不讓他們參與在同儕的故事遊戲中，卻將焦點放在技巧發展上。然而，豐富的故事經驗對團體中「所有的」孩子都很重要，可以讓他們喜愛故事，並從故事經驗中受惠。此外，有特殊需要的孩子就像他們的同儕一樣，應該能從我們分享的書中看到自己。舉例來說，涉及個人私事的書，包括了輔具的照片，例如：特殊的湯匙、杯子與椅子能幫助整個團體欣賞有特殊需要的孩子所發展的技巧，以及那些能夠幫助他們的工具。

所有這種融合的書籍能幫助孩子了解與欣賞彼此的優點與遭遇的挑戰，幫助他們建立彼此與團體間的依附關係。兒童圖書館員是非常好的資源，能幫

助孩子發現各種書籍，包括來自多樣性背景的孩子的書、說其他語言的孩子的書，以及有額外或特殊需要的人們的書。

沒有偏見與刻板化印象

要拒絕任何描述有關性別、文化、背景、年齡、殘障，或其他含有偏見與刻板印象的書。書籍對於孩子的信念與價值觀，具有強大的影響力。孩子從嬰兒期開始形成對其他人的態度。許多年代較久的繪本與一些近代的繪本都具有令人訝異的性別歧視。書籍不應只以勇敢活潑的男性人物或動物為主角，也不應只以安靜、嫻淑，從未冒險過的女性人物或動物為主角。如此的刻板印象對於正在形成心理性別認同（gender identity）的孩子來說毫無幫助。我們應確實地去分享一些書本，例如：包柏・格雷厄姆（Bob Graham）的《杭波堤妹妹的故事》（*Dimity Dumpty: The Story of Humpty's Little Sister*）中，杭波堤的妹妹拯救糟透了的一天！

一些書中的偏見公然且明顯，大多數人都同意這些書本不適當。無論如何，有可能一些書籍包含了某些人的不同觀點，而這些內容對於是否適合幼教環境，具有非常值得辯解與討論的空間。值得慶幸的是，目前坊間有許多優秀的書籍，足以讓我們在選書時，可以非常吹毛求疵與挑剔。

能反映與探索情感

書可以探索快樂、悲傷、生氣、害怕、嫉妒、生氣與擔心的感覺，當學步兒能將這些描述的情形與情感和自己產生連結時，將會感到非常有趣。對於小小孩來說，發展的任務之一就是學習適當地確定與表達他們的感覺。一些書像是：凱斯・格雷（Kes Gray）的《我的媽媽去工作》（*My Mum Goes to Work*），能夠幫助孩子去學習這樣的任務。這本書具有簡單的文本與插畫，並且傳達出當一個學步兒的媽媽（或其他的家庭成員）出去工作時，可能會有的情感表現。之前所提到雪莉・羅特勒的《許多的感覺》，以多樣性團體的美好照片為特色，表現出他們的感覺。

吸引廣大的年齡層

選擇一些很可能吸引某個年齡層，而且當孩子日益發展對周遭的世界更了解時，仍能保持興趣的書。好書可以伴隨孩子一起長大，也就是說，書籍具有轉換效果，當許多孩子在嬰兒期看它時，只是簡單地看看插畫，而到了學步期時，則對故事情節較感興趣。

此外需注意，一些孩子喜愛簡短的繪本，但還未準備好閱讀較複雜的故事，例如：羅素・賀本（Russell Hoban）的《法蘭西斯》（*Frances*）系列。然而，有些三歲以下的孩子則愉快地聆聽一些較複雜的相同故事，並以一種鄙視的態度宣稱簡單的書是給「嬰兒看的」。

當成人與嬰兒和學步兒分享書籍時，選擇一些能引起孩子興趣，且成人自己在使用時也深感興趣的書。我們需同時注意文本與插畫的品質。艾瑞・卡爾的《好餓的毛毛蟲》具有轉換的效果，當孩子成長與發展時，書籍的文本與插畫都優秀到足以吸引孩子的興趣。當較大的學步兒能活潑地參與在傳統版本的分享活動時，嬰兒與較小的學步兒或許喜愛看硬頁書中的圖畫。透過持續地經驗相同的書本，嬰兒在翻書時，逐漸熟悉了故事的情節，藉由記下它們，孩子學會了「閱讀」故事的文本。

問題與討論

想想你可能如何去分享你認為適合八個月大、二十個月大，以及三歲大的孩子的藏書。寫下你的想法並與別人分享。

幽默感與想像力

選擇能夠提升幼兒活潑的想像力與幽默感的書。佩姬・拉曼（Peggy Rathmann）的《猩猩晚安》（*Good Night, Gorilla*）（上誼），具有一種能夠取悅

小小孩的幽默感。故事裡，一隻猩猩等動物園管理員一一向動物道過晚安後，隨即將動物園的籠子陸續打開。學步兒津津有味地欣賞這本優秀繪本中，所有動物在動物管理員床上睡覺的插畫。克萊西德‧考維爾（Cressida Cowell）的《我們該怎麼照顧放聲大哭的寶寶？》（*What Shall We Do With the Boo-Hoo Baby?*）是另一本能夠引起嬰兒與學步兒發笑，並且要求成人一遍又一遍念誦的書。雖然嬰兒或許並不了解這些故事，但是會喜愛這些書中的圖畫。

有時，與孩子分享一個幽默、富想像力的故事，結果卻不如我們的預期。以下是與孩子分享《糊塗的莎莉》的簡短例子：

> 有一天，當珍妮坐下來與她所照顧的三個學步兒一起閱讀時，三歲的托比拿了一本《糊塗的莎莉》塞到她身上。當珍妮翻開那本書時，托比開始咯咯地笑。當托比站起來並表演如何倒著走時，珍妮念了第一頁：「糊塗的莎莉到鎮上，倒著走，上下顛倒。」其他兩個孩子也加入托比咯咯地笑，這是當天所分享的玩笑與故事。

有時一本好書中的某一頁，就足以與孩子分享。

對於托育中心裡的文化、語言與家庭的價值觀具有感受性

與孩子家庭的有效溝通有助我們決定哪些書適合我們托育中心的孩子使用，而哪些不適合。這對於照顧者與父母討論書籍的觀點上，或許會有幫助並具啟發性，舉例來說，故事將動物賦與人類的特性，率直地討論強烈的情感（包括負面的），或是將孩子描述成「頑皮的」，將大人描寫成刻薄的。討論這樣的主題，或許能幫照顧者與孩子的家庭了解我們所選擇的故事範圍，反映出了我們的文化偏見與價值觀。

舉例來說，一個三歲大孩子的媽媽拒絕使用艾瑞‧卡爾的《愛生氣的瓢蟲》（*The Grouchy Ladybug*）（上誼）。故事中的瓢蟲想要朋友，但不太會交朋友；她認為她比任何人都大、都棒，還不斷問其他生物：「想打架嗎？」最後

她與另一隻瓢蟲成了朋友。拒絕使用這本書的媽媽認為，它傳達出你只能與看起來跟你一樣的人做朋友，而且她也不喜歡書中一再重複地問：「想打架嗎？」

與家長談論他們認為在書中所反映出的正向與負向的價值觀，能夠幫助引導我們選書。當我們選書時，若能顧慮到孩子與他們家庭的需要，將能以重要的方式支持孩子：

> 照顧者布萊恩關心兩歲大、父母離婚的梅莉莎。布萊恩建議梅莉莎的父母雙方或許可以看克萊兒・瑪索蘿（Claire Masurel）的《兩個家》（*Two Homes*），考慮與梅莉莎共讀是否會有幫助。他們很高興與梅莉莎分享這本書，並且梅莉莎的爸爸也從中得到了靈感，製作了一本書，將梅莉莎未來的兩個家的照片放在書中。

為了支持孩子與家庭，我們的藏書需包含以托育中心裡每個家庭的第一種語言所寫的書籍。對所有的孩子來說，當聽到一個以英文以外的語言說出的熟悉故事時，會感到非常有興趣，尤其是如果書中包含了詳細的插畫。分享孩子所熟悉的一個故事的西班牙版本，例如《好餓的毛毛蟲》，可以表現出對說西班牙語的孩子與家庭的尊重。此外，以一種嶄新的方法去使用一本著名的書，也是一個談論不同語言的機會，這可以吸引已經熟悉故事、但不會說西班牙語的孩子。一些學步兒的書會在每一頁上，描繪出單一不同物品的圖畫，例如：上面標明了英文與另一種語言的一張椅子或一棵樹，這樣的書可以幫助照顧者與孩子們一起學習中心裡其他孩子的母語。還有一些故事較複雜的書，其文本同時呈現出英文與其他語言。一些雙語書籍，例如：尼可拉・史密（Nicola Smee）的《貪睡蟲》（*Sleepyhead*），史黛拉・布萊克史東（Stella Blackstone）的《廣場裡的熊》（*Bear in a Square*），以及凱倫・凱茲（Karen Katz）的《寶寶的扣子在哪裡？》（*Where Is Baby's Belly Button?*）。如

> 對所有的孩子來說，當聽到一個以英文以外的語言說出的熟悉故事時，會感到非常有興趣。

果藏書中包含了這些書，尤其是讓家長借回家與孩子共讀的話，可以讓家長與孩子感受到我們有察覺到並且尊重他們。我們可以邀請家長多建議一些可用於孩子身上的書，並且鼓勵他們表達意見。

適當地使用幻想成分

　　如同在第三章中所討論的，在選擇與分享傳說與神話故事時，必須很小心。這些故事中的一些情節，或許會驚嚇到一些正在努力釐清真實與幻想不同的學步兒。許多成人對於一些傳統的故事保有快樂的回憶，例如：「歌蒂拉與三隻熊」（Goldilocks and the Three Bears），或「三隻小豬」。雖然當孩子長大，並且學會分辨什麼是真實、什麼是想像時，會比較喜愛這些故事，但對許多學步兒來說，這些故事可能會讓他們無法承受。我們需密切注意孩子的反應，看看幻想的成分是否適當，並且視需要調整故事內容，使故事變得有趣但不可怕。在童話故事裡常使用一些語言，例如：「從前」或「很久、很久以前」，或許能讓較大的學步兒感到較安心，因為它發生在過去。當孩子對這類的故事比較有經驗後，他們會開始將這類的語言與幻想畫上等號。

　　選書時需提高警覺——但這並不代表永遠不應該讓學步兒接觸到幻想的成分。事實上，一些最好的書籍內容是建立在溫和的幻想上。學步兒津津有味地欣賞可愛的角色冒險，例如：約翰・伯寧罕（John Burningham）的《古怪先生去遠足》（*Mr. Gumpy's Outing*）中的古怪先生與他的動物朋友們。故事中，古怪先生獨自用一條船載了許多動物朋友的點子，純粹只是一個幻想，就像是古怪先生邀請了許多動物到他家喝茶一樣。孩子所獲得的字彙能力，以及對於真實與幻想間的基本了解，為他們提供了一個知識背景，使得孩子欣賞幻想的可能性提升。舉例來說，孩子知道古怪先生實在無法用他的船去載所有的動物，因此請牠們到家裡喝茶，這非常合理，也讓孩子了解了故事中的幽默感。

　　孩子可以理解少量的幻想成分，並且感到有趣。即使所提供給孩子的幻想成分很少，但對孩子的幻想力卻有很大的幫助。在應該選擇哪種類型的幻想類書籍對孩子比較好，或是應該多久與他們分享這類型的書，主要在於我們對孩

子的深入了解。依照孩子的個別差異，我們甚至可能決定需等到孩子較大時，再為他們提供幻想類的書籍。

優異的插畫

我們需要選擇高品質插畫或照片的書。插畫通常是繪本的中心，所以插畫越清晰，越可能吸引孩子與成人，書本也更有意義（Jalongo, 2004）。有一些嬰兒與學步兒繪本的傑出插畫家與作品，例如：凱倫・凱茲的《多少個吻》（*Counting Kisses*）、《腳趾、耳朵和鼻子！》（*Toes, Ears, & Nose!*），艾瑞・卡爾的《好寂寞的螢火蟲》（*The Very Lonely Firefly*）與其他作品，以及由羅瑞爾・莫克（Laurel Molk）所繪、珍・尤藍（Jane Yolen）所著的《我們出發了！》（*Off We Go!*）。

概念類或資訊類書籍應具有高品質與吸引人的圖畫，不論是照片、藝術作品或是手繪圖表。由艾普莉・瓊絲・普林斯（April Jones Prince）所著，賈艾斯・拉歐曲（Giles Laroche）所做的美術拼貼書《輪子整天在做什麼？》（*What Do Wheels Do All Day?*），具有迷人、把輪子創作成拼貼畫的插畫，它提升了書中資訊性文本的效果。任何對於與輪子有關的事物感興趣的學步兒，都會喜愛這本書。

雖然對於插畫品質的判斷是一種主觀的過程，我們可以參考安妮絲・杜弗（Annis Duff）在《給孩子最好的禮物：與家人共讀的快樂時光》（*Bequest of Wings: A Family's Pleasures with Books*）中，對於高品質插畫特性的描述：

在真正優良的書中，圖畫都具有引人注目的特質……它們具有強烈的清晰度、美麗、生命力、幽默感與魅力，而這些圖畫中的事物，幾乎都是孩子每天生活中所看到與經歷到的。藝術家將這些平凡的事物，透過他們活潑、愉快的眼光表現出來。（Duff, 1944: 25）

問題與討論

選擇一本你最喜愛或是你課程中的孩子最喜愛的繪本。考慮以下從瑪莉・瑞克・賈隆格（Mary Renck Jalongo）所著的《幼兒文學——零歲到八歲的孩子與繪本》（*Young Children and Picture Books,* 2d. ed., 2004）（心理）中所提出的問題，去檢視插畫或照片：

1. 插畫與文本的內容一致嗎？
2. 藝術作品所表達出來的情感（幽默的或嚴肅的、嬉耍的或安靜的），是否與故事互補？
3. 插畫的細節是否與文本一致？
4. 孩子是否光憑圖畫就能了解故事的基本概念，或是故事的結果？
5. 插畫或照片是否具有令人愉悅的美感？
6. 印刷（清晰度、形式、線條、顏色）是否具有高品質？
7. 當孩子在欣賞與複習插畫時，是否每次都能有更多的心得？
8. 插畫的風格與複雜性是否符合所設定的讀者年齡層？

資料來源：Huck et al. (2000), in Jalongo (2004: 35)

系列叢書

學步兒或許喜愛體驗系列叢書，因為他們喜歡重複閱讀所熟悉的角色（Bardige & Segal, 2005），例如：萊莉・多朵（Lynley Dodd）的《毛茸茸的麥克拉利》（*Hairy MacLary*）系列、潘蜜拉・艾倫（Pamela Allen）的《麥克吉先生》（*Mr. McGee*）系列，以及艾瑞克・希爾（Eric Hill）的《小波》（*Spot*）系列（上誼）。學步兒喜愛熟悉的角色，以及看到他們在不同的情況中出現。當成人注意到學步兒喜愛一本像是小波、毛茸茸的麥克拉利，或麥克吉的書籍時，可以與孩子分享系列叢書中的其他幾本。有些孩子會重複地要求聽這些故事，表現出他們喜愛這一系列的故事與角色。

伴隨解說的故事書版本

　　有些最優秀的繪本也製作成有聲書（錄音帶或 CD、錄影帶或數位 DVD）的形式，由專業的解說員與說故事者以富有表情與調整不同語氣的方式朗讀出來，以吸引幼兒（及許多的成人）。舉例來說，瑪格麗特・懷茲・布朗的經典繪本《月亮晚安》，就被製作成有聲書的版本。優良品質的朗讀與實際的書本相結合，將帶給孩子一種完整的書本經驗。這些朗讀對於有視覺障礙的孩子特別有價值，它們提供孩子一種有別於他們的父母或照顧者的新聲音，透過這種聲音，他們聽到某個故事或是愛上某個故事（第五章將討論如何有效運用這類書籍）。

耐用與安全

　　在我們的藏書中，需包含許多經久耐用、能讓孩子獨立使用的硬頁書。我們大部分的藏書，需禁得起孩子重複使用，他們正學著如何操作周遭環境中的物品。嬰兒與學步兒想藉由操作、嗅聞、品嘗、擠壓、拍打，以及帶著書籍到處走去進行探索；此外，他們也喜歡翻動

> 我們大部分的藏書，需禁得起孩子重複使用。

書頁，並且觀賞書中的圖畫。透過孩子熱情的使用，書本無可避免會受損。無論如何，我們可藉由選擇一些特別為小小孩所設計，禁得起隨意使用的書籍，將可減少書籍折損的程度，並且我們可以預先準備好，修補書本所無法避免的損害部分。

　　撇開一些特別選來讓成人小心翼翼地與孩子分享，且不能讓孩子獨立使用的書，我們需確定所建立的藏書能讓孩子安全地獨立使用。我們需檢查書本是否裝訂得很安全、沒有可能會被吞下的小零件，以及沒有尖銳的書緣及書角。因為小小孩會將每樣東西都放入口中，所以有金屬或塑膠螺旋形裝訂線的書都不適合，而且也會傷害孩子。厚實的硬頁書很理想，因為它幾乎不可能成為令孩子噎到的危險物，不像平裝書的書頁可能會被嬰兒咬成紙團。就算是為嬰兒設計的布書也可能會有被扯下吞食的扣子或絲帶。

從搖籃曲到幼兒文學
From Lullabies to Literature

> **問題與討論**
>
> 1. 你所喜愛且適合小小孩的書是什麼？
> 2. 你喜愛它的哪方面？
> 3. 它符合這一章中所討論的標準嗎？

成人可以分享的特殊品質

雖然我們應對安全性與耐用性有所警覺，但也應該提供孩子一些唯有成人在場與其分享，而非讓孩子獨立使用的比較不耐用的書本。有些封面是硬紙板而內頁是一般紙張的書，或許會被歸為此類，就像是一些摺頁書、立體書、翻翻書，或其他容易被弄壞的書本一樣。這些書提供了一些很好的機會，讓成人在孩子面前示範如何好好愛惜書籍，這正是藏書中包含這些特別書籍的價值之一。

注意事項

除了上述標準外，我們在建立藏書時，還需考慮以下的事項：

1. 越來越多專為三歲以上孩子所設計的書，被製作成硬頁書的形式出版。即使這些硬頁書的材質是專為嬰兒與學步兒所設計的，但通常這些硬頁書的文本對小小孩來說都太複雜了。一直以來，沒有任何絕對與快速的準則，可以用來決定哪些書適合特定的孩子，或哪些不適合。舉例來說，馬丁‧韋德爾的硬頁書《小貓頭鷹》，或許看來並不適合小小孩，但對一些照顧者來說，這個有關於三隻貓頭鷹寶寶的媽媽離開他們，後來又回到他們身邊的故事，不僅能讓學步兒理解，也是深受學步兒所喜愛的主題。

2. 相反地，一些內容適合且專為學步兒所設計的書，已經被出版商以大書的形式重新發行。這種形式的書是設計來讓成人在一群孩子的面前朗讀之用，因為大型尺寸能讓整群孩子都有可能看到書中的圖畫，但是基於一些

選書指南

其他選擇高品質書籍的指南，可以參考被提名獎項的書籍清單，與圖書館員所選擇的清單。掌握新書的來源、拜訪聲譽佳的書店，以及請別人推薦任何三歲與三歲以下的新書。搜尋圖書網頁，並朗讀由照顧者與父母所寫的書單。一個非常好的選書入門法是上網搜尋隸屬於美國圖書館協會（American Library Association）的圖書館協會兒童服務網頁（www.ala.org/ala/alsc）。這個網頁包含了許多實用的資源，例如：「小小孩喜愛的書」（Books to Grown On），這是一個依照年齡區分、適合零歲到三歲孩子的書單。此外，網路兒童圖書館也提供了一些資訊，在資源區中也有一些教育者所提出的意見。

本書中所列的童書的書單，都能添加額外的價值，請參考附錄 B。

因素，這類書籍並不太適用於小小孩身上。如果我們企圖讓一群孩子坐在繪本前聆聽成人朗讀，孩子會與書中的圖畫靠得太近，那是絕對不適合的。此外，小小孩還無法獨立地看著大書，而不把它撕破。

3. 當我們選擇一些自己童年時代最喜愛的書時，要特別留意。如果我們對那些書記憶猶新，那麼它們很可能是我們三歲以後所喜愛的書。同樣地，當我們選擇一些自己所喜愛的書籍時也需特別留意。雖然有些書例如：羅伯特・馬曲（Robert N. Munsch）的《永遠愛你》（Love You Forever）（和英），可能讓成人特別感動並受到吸引，但是它對小小孩來說，卻常無法引起共鳴與興趣。

認清書籍的價值，了解哪些種類的書適合孩子，以及檢閱建立藏書的指南，是積極擴大小小孩故事經驗必要的第一步。但是我們如何確定自己的確有效使

用書籍，並且提供了其他有益的故事經驗給孩子呢？這些關鍵性的問題將在下一章中獲得解答。

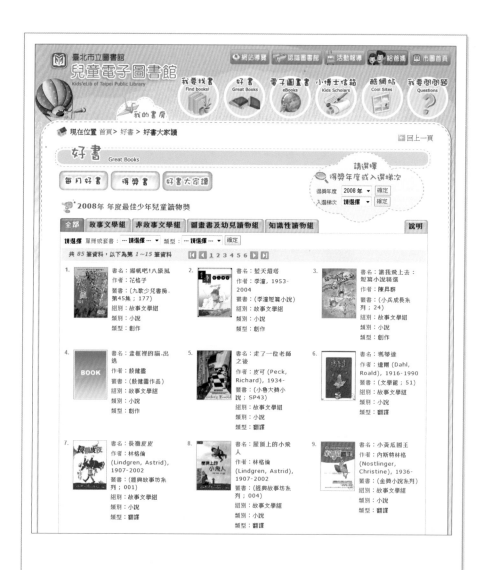

❖ 目前國內一些機構定期針對繪本作評選及推薦活動，為讀者提供了挑選優良繪本的參考。

（資料來源：台北市立圖書館）

From Lullabies to Literature

5 有效地運用故事
說、讀、展示

> 我想你會發現,當你說的故事越多,你在說故事時就感覺越自在。
> ──彼得‧席格(Pete Seeger)與保羅‧都伯絲‧雅各(Paul Dubois Jacobs)
> 的《彼得‧席格的說故事書》(*Pete Seeger's Storytelling Book*)

讓我們假設目前我們手邊有許多優良的藏書;我們熟知全部的兒歌、語言遊戲,與口述的故事;此外我們也相當有把握能將這一切與孩子分享。那麼我們如何能有效地運用故事經驗呢?如同兼具民謠歌手與說故事人身分的彼得‧席格所建議的,這些需要練習才能夠做得好。然而,我們在練習的過程中,必須要有自信與專門的技術,以確保孩子在我們的課程中使用語言時,感到特別的快樂並從中受益。

分享故事經驗的守則

我們分享故事的方法如同故事本身一樣重要。嬰兒與學步兒所涉及的故事經驗──不論說的或是讀的、原創的或是非原創的、音樂的或是身體的、由孩子或是成人所傳授的──幾乎都沒有先入為主的觀念限定故事經驗「應該」像什麼。這給了我們極大的空間,讓故事經驗的分享更具創意與想像力。

在這樣的彈性下,我們需記住一些要素。根據這個年齡孩子的特性與能力(如同第二章中所描述的),我們應將與孩子分享故事的經驗,盡可能營造得有趣且有收穫。

允許孩子自由選擇

對小小孩來說，不應被強迫參與故事的分享活動。他們應該是「獲邀」參與，而且當他們有興趣參與時，會表現出來讓我們知道。他們或許也會讓我們知道，他們對哪個故事比較有興趣。當然嬰兒與學步兒和成人所表現出「感興趣」的方式或許非常不同，而且他們的興趣可能既短暫又易變，舉例來說：

在一個學步兒的教室中，盧卡斯為他所照顧的學步兒擺放了一些新的書在一張矮桌上，並且安靜地等待。兩歲大的丹妮絲閒逛到矮桌旁，拿起其中一本，並將它拿給盧卡斯，很興奮地說：「書！書！」盧卡斯的回應是坐在小地毯上開始為丹妮絲朗讀。其他兩位學步兒也跑來加入他們，並且對故事感到有興趣而且很開心。

在前往公園的路上，珊朵拉開始唱歌：「有一隻小白鴨在水裡游！」學步兒們安靜地聆聽她唱歌，但當他們回到教室時，夏安對著珊朵拉露齒而笑：「唱呱呱！」

試著在一整天中與孩子分享故事，當孩子主動要求時，要為他們預留時間分享故事，舉例來說：

二十二個月大的東尼手臂下夾了一本書，走向他的照顧者。東尼蜷伏在她的身旁，把書放在地上，然後一直翻到有一台三輪車圖畫的那一頁為止。他指著圖畫對照顧者露齒微笑。照顧者說：「我看到了，它就像是我們的三輪車。」東尼與照顧者分享一幅與他自己有關的圖畫，並且說服照顧者認同他們之間的關聯性的任務明顯達成了，因此東尼再次露齒微笑地走開，將書留在地上。

CHAPTER

調整期望以符合孩子的能力與偏愛的事物

　　原則上，我們對於孩子發展的了解，應能讓我們知道何時去分享故事，以及選擇什麼故事。舉例來說，一個感到飢餓的孩子不會對故事感興趣，就算故事是他所喜愛的；一個學步兒如果正忙著推一輛裝有娃娃的嬰兒車，或許也不會想停下來聽故事。再者，如果一個學步兒還未準備好去分享某類型的故事，或是還有某件事物吸引了他們的注意力，即使在看來最理想的分享故事時間裡，他還是會走開到處閒晃。但是還是有一些方法可以將故事結合，甚至可以讓故事分享時間變成熱鬧的時刻。

　　安娜很努力地試著吸引她教室中學步兒的興趣，午餐前，她和學步兒坐在一起分享一個簡短的故事，但總是有一、兩個孩子站起來閒晃。於是安娜將以上例行的活動改成了唱這首歌：〈這是我們洗手的方式〉（This is the Way We Wash Our Hands）。當孩子們洗完手、準備吃午餐時，她發現孩子們喜歡這樣的改變，並且很愉快地參與。

將故事團體維持得小而氣氛融洽

　　與嬰兒和學步兒分享故事的重要好處之一，就是能夠促進故事參與者之間的親密關係，因此分享故事時，最好一次不要超過三個孩子，好讓每個孩子都能夠舒適地靠在一起。維持小型團體能夠讓每個孩子積極主動地參與。一到三個孩子能在沒有太多噪音或不受干擾的教室中，加入故事的疊句誦唱。小團體也比較容易透過眼神的接觸與溫柔的觸碰，保持孩子的興趣。較大的團體很可能需要成人花較多的時間去維持秩序而非分享故事，這將失去分享故事的樂趣。

表現出愉快與熱情

　　如果我們希望能與嬰兒和學步兒成功地分享故事經驗，那麼我們的態度與

幼兒在學習使用書本方面的進步表現

- 聚精會神地看著書中的圖畫。
- 認出特定的一本書。
- 能夠翻硬頁書。
- 指出書中的圖畫。
- 不會將書上下顛倒地拿著。
- 看書時的方向從前面到後面,或是以和某種語言與文化寫作方式一致的方向看書。
- 能藉由書的封面認出某本書。
- 擁有一個最喜愛的故事或最愛的一本書。
- 對書中的圖畫表達意見。
- (藉由看圖說故事)「讀」書中的文字。
- 很明顯地使用所熟悉的一本書,或一則故事中的文字或片語。
- 當成人讀出孩子所喜愛的故事時,孩子能夠指出所漏掉與添加的一些字,或是跳掉了某一頁。
- 能預期故事接下來可能會發生的事,或是藉由書的封面能大致了解書的主題。
- 說一些簡單的故事。
- 假裝「讀」給其他的孩子、洋娃娃或泰迪熊聽。
- 藉由指出書中的字母與文字,或是詢問書中的印刷文字,來表達他們的專注力。

資料來源: Schickedanz (1999).

所分享的故事一樣重要。小小孩深受我們的行為所影響,他們是非常敏銳的觀察者,能夠察覺我們所做的與所說的。如果我們充滿熱情與興趣,並且明顯地喜愛故事,孩子必將能感受到。愉快具有感染性,而無聊也是一樣:

蕾絲諾在一個嬰兒教室工作，她喜歡和孩子玩，以及唱歌給他們聽，但她卻認為與孩子分享書籍根本是浪費時間。當主管問她為何避免與孩子分享故事時，她為主管做了一個示範。當她抱著一個嬰兒讀書給他聽時，嬰兒扭動著設法擺脫，而且「對書本沒有興趣」。主管向蕾絲諾解釋，對於書本的喜愛是具有感染性的，接著與她一起去找出她所喜愛、並且能夠熱情分享的一些書籍。

表情豐富

當分享故事時，豐富的表情有助於吸引小小孩的注意力。「表情豐富」的意思，可能代表使用一種輕柔的聲音說一個和緩的故事，例如：梅‧福克斯的《睡覺時間到了》（*Time for Bed*），或是說一個有關動物園的故事時，放大你的音量，並且咆哮一聲，模仿老虎所發出來的聲音，這些都需要改變你的音調或口音，以扮演不同的角色。另一種表情豐富的方式是運用姿勢、面部表情，以及身體語言來強化說故事。如果幼兒習慣聽表情豐富的語言，那麼當他們開始說自己的故事時，也會十分具有聲音表情。

使用道具

故事分享能夠經由小心地使用道具，或其他的補充資源而變得豐富，然而並不是每個故事都需要道具，有時道具反而會分散孩子的注意力。舉例來說，老師或許會在說《小紅母雞》（*Little Red Hen*）的故事時，介紹一個大玩偶給孩子；但是如果孩子對玩偶比對故事更感興趣，那麼道具或許不適合加入故事經驗中。明智地使用道具將能支持小小孩的參與和了解，舉例來說：

艾麗卡認為她在分享愛蜜莉‧葛萊威特（Emily Gravett）的《猴子與我》（*Monkey and Me*）時，不需要用到她的猴子手指偶，因為書中的插畫對小小孩來說很理想。然而，她決定第二天要說一個改編版的

《猴子與我》的故事，因此她使用了猴子偶去表演一些動作，以幫助
學步兒在聽她說故事時，能夠注意傾聽。

　　一些無法自然地令人信服，或是較不具表現力的說故事者，或許會發現使
用道具能幫助自己維持孩子的注意力。當成人使用道具時，或許有助於促進他
們對於自己說故事的信心。在利用道具提升創意方面，可以考慮使用玩偶、玩
具、各式衣物，例如圍巾與帽子；自然的物品，例如羽毛與貝殼；日常用品，
例如杯子與牙刷；或是其他適合故事的物品。當我們分享故事時，有時會拿著
道具，有時可以讓孩子拿著道具。舉例來說，如果學步兒一面聆聽一個有關泰
迪熊的故事，一面抱著一隻泰迪熊玩偶，這能夠幫助孩子將這個玩具與文字

◉《戴帽子的貓》
這本書的故事是媽媽不在家時，家裡來
了一隻會變魔術的貓，結果引起了一連
串滑稽古怪的事。書中優美的插畫及逗
趣的文本常讓孩子要求反覆聆聽。

（出版社：遠流出版事業股份有限公司）

「泰迪熊」聯想在一起。這種方式特別適
合正在學習第二種語言——英文，或是有
視覺障礙的孩子。

密切注意孩子的線索

　　孩子對於我們與其分享的故事的喜
好，會表現出許多不同的線索或信號。小
小孩很可能會透過聲音與肢體語言，例
如：姿勢、扭動，以及臉部表情來傳達。
當嬰兒成為學步兒時，他們能藉由說話更
明確地做回應，例如：「再一次」、「更多
的故事」，以及「不」。他們也可能藉由站
起來與直接走開來回應。

學步兒傑摩拿給南西一本蘇斯博士
（Dr. Seuss）的繪本《戴帽子的貓》
（*The Cat in the Hat*）（遠流）。南西
開始談論圖畫，但是傑摩皺著眉頭抓

起書本,並搖搖頭。他指著第一頁,並且在那裡等著,南西說:
「喔!你想要我讀整本的故事?」傑摩點點頭,於是南西逐字地讀起
這本富有優美插畫的書本。

當孩子表現出想重複聽某些故事時,盡可能地再說
給孩子聽。需視故事的程度與孩子的興趣程度調整說故
事的時間,有些可能相當長,有些則相當短。重複聽故
事的渴望,對於建立孩子的字彙與發展語言的技巧具有
價值,也顯示出孩子的投入。以下是一個孩子的興奮情
緒感染到其他孩子,讓大家一同體驗故事經驗的例子:

> 當孩子表現出
> 想重複聽某些
> 故事時,盡可
> 能地再說給孩
> 子聽。

當照顧者羅莎對著十一個月大的莎拉唱著〈蜘蛛結網真辛苦〉童謠
時,莎拉非常注意聽。當第三次唱到蜘蛛「又爬上排水口」時,莎拉
在羅莎的大腿上扭動,並且充滿期待地向上望著。羅莎問:「你想再
聽一遍?」莎拉高興地點頭,但這次羅莎說:「讓我們看看麗和東尼
是不是也想和我們分享,我身邊還有許多位子可以讓他們加入。」於
是麗與東尼加入這個團體,他們四個一起將那首歌再唱一遍。

相對地,如果孩子持續表現出對於故事活動缺乏興趣時,我們最終的目標
是去幫助他們學習熱愛故事。

與嬰兒和學步兒說故事的點子

如同在第三章中所討論過的,說故事能夠延伸語言的學習,這種學習是透
過自然的對話與語言遊戲所進行的。「說故事」包括簡單虛構的故事、童謠或
簡單的詩,我們可以整天簡單地哼唱、吟誦或朗讀。照顧者說故事時,要符合
孩子的年齡、興趣、需要與家庭背景,以下有一些實用的點子供作參考:

將童謠或詩當作故事來說 押韻的語言特別吸引語言初學者，因為他們喜歡玩語言遊戲。押韻的故事幫助幼兒記憶不同的聲音，以及如何製造那些聲音。

將孩子正在進行的事反映出來作為故事 這可以幫助孩子了解，文字可以描述正在發生的具體事情。舉例來說，當艾力克正在穿衣服時，照顧者可以說：「我認識一個名叫艾力克的小男孩，艾力克正穿上他的褲子、他的 T 恤和他的外套，然後他就可以出去玩了。」

以故事的形式，說出一天中發生的事件 任何故事不論多麼平凡，只要以熱情與幽默的態度說出，都能夠吸引孩子。例如：「我今天來學校時，你知道我看到了什麼？你想我看到了一頭穿著裙子的乳牛嗎？還是看到一輛消防車上的警笛？不！我看到了一隻鴨媽媽與她的鴨寶寶一起朝著池塘走！」

要求較大的學步兒說故事 學步兒正在發展他們的語言技巧，因此需要機會去創造他們自己的故事。照顧者或許可以說：「你的貓喜歡做什麼？說這個故事給我聽。」學步兒或許會以攙雜了事實與想像成分的故事做回應。可以將這些故事記錄下來，稍後再與孩子、孩子的家人，以及其他孩子一同分享。

察覺孩子的遊戲環境中處處存在著故事 不論孩子做什麼，例如：假裝將洋娃娃放在床上、堆積木、繪畫，以及進行對話，都能夠成為一個故事。舉例來說，當一個兩歲的學步兒在沙箱中玩沙時，他的照顧者唱了一首有關沙箱的歌曲：「用我的鏟子挖，挖。」這首歌詞中的故事，反映出了孩子正在進行的事，並以新的字彙形容他們的動作。學習以文字表達行動是一種前導的技巧，幫助他們成為一個說故事者，最後成為一個故事作者。

將孩子的名字放入故事中 小小孩喜歡聽內容中有他們自己的故事。當聽到他們自己的名字在故事中出現時，能夠幫助他們集中注意力，並讓他們持續地投入故事中。

使用熟悉的事物或事件作為分享故事的開端 熟悉的事物能夠安慰並且幫助小小孩積極參與在故事中,因為他們知道故事的相關內容。舉例來說,午餐前突然下雨,學步兒被淋濕了,這時照顧者或許可以將所發生的事,說成一個故事。說完故事後,照顧者應該問孩子們,當天下雨時他們的感覺。這是一個依據孩子從經驗中所得到的理解,將故事與他們的感覺連結在一起的例子。

說一些較複雜的故事,例如簡單版本的傳說故事 較大的學步兒會對這些故事產生興趣,並且愛上它們。當

❖ 環境中的貓咪壁飾也可以發展成一個故事。　　　（照片提供：耕心托兒所）

他們開始加入說傳說故事中的一些重複語詞,例如:「你抓不到我,我是薑餅人」時,是一個信號,代表孩子更深入地投入故事中。

與學步兒談論故事中所蘊藏的感覺 學步兒開始了解故事將他們與其他人連結在一起,而感覺與感情是孩子參與故事的一個很重要的部分。一些問題例如:「小鳥的媽媽不在鳥巢裡,小鳥會覺得高興還是難過?」會幫助他們學習到去思考與體會這些感覺。在故事分享中,所獲得的一個基本好處是,變得情感豐富,因為它有助於聽故事者與故事連結在一起。

> **問題與討論**
>
> 從一本資訊類或概念類的書籍中選擇一個圖畫,或是從一本書或雜誌中選擇一個會引起孩子興趣的圖畫。想想你可以和他們分享有關圖畫的哪些訊息。為你所認識的孩子編造一個以圖畫為基礎的故事,讓孩子與你一起忙著說故事。舉例來說,如果你用一張貓咪的圖畫與兩歲大的學步兒說故事,或許可以這樣開始:「這隻貓名叫絨球,牠的毛是世界上最軟的。有一天牠迷路了,你想牠會發生什麼事?」
>
> 與同事討論說故事的技巧,並要求孩子們貢獻一些或許可以在團體中與其他孩子玩的點子。在試完這個技巧後,做一個回報。稍後,你可以試著用一些有別於同事在分享這類故事時所使用的方式。

🌱 與嬰兒和學步兒分享書籍的點子

在這一章節中,將提出一些有效地使用書籍的策略。雖然這些資訊是依照年齡粗略地劃分,但這些設計不應該被視為是規定,而比較像是一種指南。那些你認為對孩子來說「太老」或「太年輕」的書,總是會有一些孩子對它們感興趣。此外,發展遲緩或有特殊需要的孩子或許較喜歡原預計要提供給較年幼孩子的書。很重要的是,我們必須小心觀察孩子的興趣,並且依照他們的線索去選擇他們所喜愛的故事,即使這意味了我們必須放棄原先認為一些會讓孩子感到興奮或是適合他們的故事。

與嬰兒分享書籍

挑選一個能讓你與嬰兒都感到舒適的地點去分享一本書。將書展示給嬰兒看,並邀請他與我們一起看;或是拿出一本與嬰兒較早所表現的線索有關的書作為回應。嬰兒可能會指向或搖晃某本書,如果他能夠爬行,他甚至會將書拿給你。如果孩子希望將書當作一個物體去探索——反覆閱讀快速翻動書頁、感

覺書的質感，我們可以為他們示範如何做。確保使用堅固耐用的書，例如：使用硬頁書或布書。總之，我們需小心地指導他們。

當嬰兒看來似乎準備好時，可以指著書的封面、念書名，讓他們猜猜這本書可能在說些什麼，依孩子的喜好很慢或很快地翻書。如果你與一個以上的孩子共同分享一本書，考慮給每個孩子一本書當作一個物體，以各自不同的速度去探索。持續對每個嬰兒提供一些有益的意見，如同照顧者愛麗絲在以下例子中所表現的：

愛麗絲將自己與八個月大的西維雅、十個月大的沙彌亞及十四個月大的戴瑞克安頓在室外，在樹蔭下的一張毯子上。每個嬰兒都想拿一本書，而且每個嬰兒都有特殊的使用書本的風格。西維雅簡短地看看一或兩張圖畫，然後晃動她的書，並為它移動的方式所著迷。沙彌亞傾身看著他的書，熱切地研究一張有貓咪的圖畫，不想翻頁。戴瑞克喜歡艾瑞克・希爾的《小波在哪裡？》（*Where's Spot?*）（上誼）。他拿著這本翻翻書，尋找摺頁下所藏的狗，想要愛麗絲逐字讀給他聽。

⊙《小波在哪裡？》
孩子透過翻翻書，會尋找摺頁下所隱藏的東西，除了獲得不斷的驚喜外，也能訓練手眼協調及精細動作。
（出版社：上誼文化實業股份有限公司）

當愛麗絲讀書給戴瑞克聽時，略做了停頓，對西維雅說：「你的書晃來晃去！你看到書頁在空中拍動嗎？」然後又說：「沙彌亞那張貓咪的圖畫非常有趣，不是嗎？牠看起來像你家的貓咪嗎？」愛麗絲不強迫所有的嬰兒做同樣的事，或是以某種特殊的方式去探索他們的書。

稍後她為戴瑞克找出更多的書，為沙彌亞找了一本與貓咪有關的繪本，並且為西維雅找出更多經久耐用的硬頁書。

如果嬰兒有興趣看整本書，我們可以翻頁、指出圖畫並為書中的事物命名做描述。如果可能，將書中的圖畫與嬰兒曾經經歷的事物做連結：「這個爸爸去工作，就像你的爸爸一樣。」或是：「嗯，那些孩子正在吃麥片……我們早餐吃過麥片了。」你可以花大部分的時間與孩子談論與書本和插畫「有關」的事物，大聲地即興表演與提問，以保持嬰兒的興趣與專注。

如果嬰兒失去興趣便會以哭泣、走開，或其他方式表現出他感到無聊，這時我們不應堅持讓他看完整本書。如果我們溫和地企圖再引起孩子對書的注意力，例如說一些話：「我們來看看下一頁中有什麼哦！」沒有產生作用的話，那麼就讓嬰兒離開去做其他的事。就另一方面來說，嬰兒有可能非常投入，想要重複體驗書本經驗。我們可以將之視為一種讚美與欣賞，並且滿足他的希望。

與較小的學步兒分享書籍

在書籍分享經驗方面，較小的學步兒比嬰兒更能積極參與。他們或許會指著圖畫、表演文本內容，或重複我們所念的書本文字。一如之前所提的原則，當我們與嬰兒分享書籍時，需從孩子身上觀察他們是否已經準備好了，是否表現出對書本感興趣的線索，並且依此做回應。

十四個月大的史黛拉從未對任何書本表現出興趣，雖然當照顧者安娜唱歌時，她會專注地聆聽，並且全然地投入探索她周遭的玩具。有一天，她蹣跚地走向安娜，雙手緊抱著一本童謠書。安娜將史黛拉抱到大腿上，並且準備打開書本，但是史黛拉匆匆地翻閱書頁，直到找到了〈這是我們洗手的方式〉這首歌的圖畫，這首歌是他們團體準備吃午餐時所唱的預備歌。安娜懷疑史黛拉是如何正確地找到這一頁的。無論如何，史黛拉不會說出來！

　　成人可以在一天中，多次將書展示給一個或兩個孩子看，並邀請孩子與他們一起讀書，藉由建議或介紹一本書，初步將書本知識傳授給孩子。

與較大的學步兒分享書籍

　　較大的學步兒——特別是那些已經具有許多愉快的書本經驗的孩子們——已經準備好了接受進一步的書籍分享經驗。一般說來，這個年齡層的孩子喜愛聽一些文本簡短、單純的故事，並且迅速地開發出自己喜愛的故事，而且還百聽不厭。較大的學步兒，即使她的兒語才剛令人聽得懂，或許會特別喜歡包含了童謠、詩或歌曲的書，並且試著重複押韻的文字。

　　我們可以藉由問孩子：「你能找出與熊有關的書嗎？」或是「你能找出有傑克與姬兒的書嗎？」來喚起孩子對於他們所喜愛的書籍的興趣。這樣的問題常使孩子以最快的速度，盡可能地去取得那些書。孩子對於書的擺放位置，或許比我們記得更清楚！

　　許多兩歲與三歲大的孩子能夠記住他們所喜愛的書，當成人朗讀時，他們可以將文字背誦起來。在啟蒙讀寫能力中，記憶文本與模仿閱讀都是很重要的步驟。一些孩子會嚴格要求每次書被讀出來的方式都必須完全一致，且強力地反對任何企圖去改變或是縮短故事內容的方式。我們應該尊重這些要求，因為這顯示孩子正開始了解文字與插畫是可以被預期的；也就是說，當這些文字與插畫每次被閱讀或觀賞時，內容都是一樣的。根據研究顯示，當孩子兩歲大時，開始了解書頁上的文字代表了故事，就像是圖畫如何描述故事一樣（Lancaster, 2003; Makin, 2006）。

> 在啟蒙讀寫能力中，記憶文本與模仿閱讀都是很重要的步驟。

　　儘管孩子有個別差異，大部分兩歲到三歲的孩子能夠說出書中角色的感覺。依莎貝拉·哈克芙（Isabella Hotkoff）、克雷格·哈克芙（Craig Hatkoff）與寶拉·卡呼卜（Paula Kahumbu）合著的《小河馬歐文和牠的麻吉》（*Owen and Mzee: The True Story of a Remarkable Friendship*）（遠流）是一本優秀的繪本，內容是一隻河馬孤兒找了一隻高齡陸龜做牠的代理母親的故事。一些與角

色有關的簡單問題,例如:「當河馬寶寶無法找到牠的媽媽時,心情如何?」對這個年齡層的孩子來說很適合。較大的學步兒在沒有提示的情況下,或許會表達他們自己對於故事的感覺:「我喜歡陸龜媽媽與河馬寶寶在一起。」這時很重要的是,我們應該說出我們認同孩子的感覺:「是的,我也喜歡陸龜媽媽。牠對河馬寶寶來說,是一位非常好的媽媽。」

較大的學步兒很高興我們能夠以比較「傳統的」方式與他們分享書籍,也就是孩子坐在照顧者的大腿上或旁邊,並且將故事從頭到尾地聽完。當然學齡兒童閱讀的模式——成人坐在一張矮凳上,面對一群盤腿而坐的孩子閱讀,並不適合三歲以下的孩子。相反地,當我們與孩子分享書籍時,一次不要超過三位孩童。

與孩子分享書籍的好地點

優良的嬰兒與學步兒課程,不僅是以其傑出的藏書為特色,藏書的建立與展示方式也是其特色之一。空間的設計應該能夠讓人舒適地安靜「看書」、說故事,以分享書籍。理想上而言,這樣的區域提供了良好光線,且隔離了噪音與容易引起分心的事物,並且準備了一些柔軟的抱枕、一張舒適的椅子或沙發。書本應被展示出來,讓孩子能夠輕易地觀看與使用它們。當然書本的經驗不應只發生在被設計過的圖書角中(也需確定書不只被局限在房間的某一個區域中使用),但這個空間應該提供一種像是圖書總部的服務,孩子能夠自在地在其中找到書,而成人渴望與他們分享故事。

無論如何,在展示書籍時,盡可能地考慮讓孩子能夠看到書的封面。展示書籍的書架如果是開架式的比較適合,雖然這種方式所占用的空間多於許多幼教中心所能騰出的空間。一些教學中心使用有把手的容器,方便學步兒攜帶,或有時將書本置於房間的四處。另一些教學中心使用大容器,例如:籃子或塑膠桶,這樣可以讓書籍以垂直的方式安放,也可鼓勵孩子去翻閱並觀賞到完整的封面。另一種良好的擺書技巧是將一些書直立在地板上,當孩子爬行與走過圖書區就能看得到(Schickedanz, 1999)。一些小型的裝書容器也可以置放於

房間的四處，鼓勵孩子不論何時，只要想看書都可以使用它們。孩子應該知道可以將書拿到環境中的其他位置，有時書本純粹像是一件物品，從一個地方被帶到另一個地方，而有時書本就像是圖畫與文本的資源，讓孩子去探索。書可以被攜帶至室外，可以在嬰兒床或搖籃裡被閱讀，也可以在積木角或戲劇扮演角被閱讀，它甚至可以被拿到室外做非正式的戲劇演出。舉例來說：

> 瑪拉所照顧的較大學步兒的團體中，有幾個孩子喜愛反覆地閱讀墨利斯・桑塔克（Maurice Sendak）的《野獸國》（*Where the Wild Things Are*）（漢聲）。瑪拉將書拿到室外並且鼓勵孩子扮演書中的野獸角色，當學步兒站在攀爬架或沿著步道行進時，鼓勵他們做出最兇猛的表情。

雖然書可以在不同的地方閱讀欣賞，小而舒適的圖書區能提供孩子可預期的與安靜的空間，讓其獲得所需的優質書本經驗，並且讓他們與照顧者之間有親密的身體接觸。容易接近書本的機會，以及與照顧者的身體接觸，是分享書籍與故事不可或缺的要素。

與嬰兒和學步兒分享書籍時的挑戰

雖然與小小孩分享書籍的好處無窮，但在實行時並非沒有任何的挑戰。缺乏經驗的照顧者很可能發現這與事實非常吻合。以下將提供一些針對面臨與分享書籍有關的挑戰時，該如何應對的建議：

嬰兒與學步兒似乎對故事不感興趣 溫和地嘗試引起孩子的興趣幾次，看看是否孩子想看別頁，或想改變他的姿勢或位置，以便將圖畫看得更清楚。暫停分享故事，稍後、明天或利用不同的書本，再試著與孩子分享相同的故事。

學步兒只表現出短暫的興趣，但之後就起身離開 試著說一些話，例如：「故事還沒有講完耶，你想要聽後面的部分嗎？」這可能可以鼓勵孩子停下來，聽

完整個故事，但是在提醒與邀請之外，仍應允許孩子可自由離開。

孩子選擇了一本內容太長與太複雜的書本　如果學步兒失去興趣，試著以你自己的話說故事，使用繪本作為指南，或簡單討論其中的圖畫。

你無法看著書籍朗讀，因為學步兒想拿著書並將它擺在自己前面　指向文字，並且說：「如果你想聽我朗讀故事，我必須看著文字。」如果沒有用，試著與孩子討論書中的圖畫。

孩子持續發表意見或問問題而打斷了故事分享　如果你只朗讀給一個孩子聽，停止回應孩子的意見與回答問題，如果還有其他孩子也一起參與，簡短地回應孩子的意見與問題，並且告訴他們，當故事說完後，你會有比較多的時間談論他們的問題。

兩、三個孩子同時想坐在你的大腿上　允許孩子輪流坐在你的大腿上，並且鼓勵還沒有輪到的孩子可親密地依偎在你的身旁。如果同時朗讀給三個以上的孩子聽，需設法確保盡可能讓每個孩子舒服地與你保持身體的接觸。

孩子想將閱讀的順序倒過來，從書的封底往前讀　試著說些話，鼓勵孩子以比較「傳統」的方式看書，例如指著書本的封面說：「我們通常會從這邊開始看。」然而，我們必須有彈性，盡可能照著孩子喜歡的方式閱讀。另一種一次與一個孩子分享書籍的好處是，能針對孩子的偏好做調整。如果與一個以上的孩子分享書籍，你可能必須說：「你可以用你喜歡的方式看書，但我現在要從書的封面讀到書的封底。」這樣的方式能讓所有的孩子有較好的機會享受閱讀書籍的經驗。

孩子粗魯地使用書籍　作為一位有效率的照顧者，我們的工作之一是幫助小小孩學習適當地使用書本與其他材料。當孩子錯誤地使用書籍時，我們可以對他們說：「我們需要小心地使用書本，這樣書才能夠用得比較久。讓我告訴你如何小心拿書與如何翻頁，這樣書就能被我們一直使用。」如果孩子堅持並蓄意毀壞書本，我們應將書拿開並堅定地對他說：「你還沒有準備好好好地使用這

本書,那我們把它拿開,你可以先看另一本書。」然後以
一本布書或塑膠材質的書代替,看是否能夠解決問題。
學習適當地使用書籍,就像是學習洗手或獨立地進食一
樣。熟練這樣的身體技巧需要許多練習與耐心,在孩子
能夠獨立適當地使用書籍前,應該鼓勵並幫助他們。

> 學習適當地使
> 用書籍,就像
> 是學習洗手或
> 獨立地進食一
> 樣。

**孩子沒有任何接觸書籍的經驗,或是獲邀參與閱讀時,
表現出興趣缺缺的樣子** 觀察孩子的興趣並試著找出與他們興趣相關的書籍。
例如我們可以說:「看!我發現了一張消防車的圖畫,就像是你所玩的積木
一樣!」或許能鼓勵一個原本不願意與你分享書籍的孩子改變心意。當分享
書籍時,應該讓孩子翻頁或操作一些特殊的裝置,例如:掀開翻翻書的摺頁
(Jalongo, 2004)。如果孩子需要特別的鼓勵,我們應該與他們個別(而不是與
一群孩子共同)分享故事。

❖ 安全、耐用、有趣的布書,非常適合將書當作玩具的
　嬰兒去探索與把玩。　　　　　　　(照片提供:林永杰)

分享故事：照顧者所關心的問題

當你想到如何使用各種不同類型的故事與嬰兒和學步兒分享時，你或許會遇到許多問題。通常照顧者會面臨許多來自其他成人相互矛盾的需求與壓力，要求他們以或許不適當的方式分享故事。一些這類的問題將在以下的章節中呈現。

「我如何決定說什麼故事或分享哪一本書？」

請信任你自己的專業判斷！你的知識與經驗會引導你針對特殊的目的、時間與孩子選擇故事。你決定分享什麼故事或哪本書，應以下列的建議為基礎：

- 孩子的發展階段、興趣、長處與家庭背景的資訊。
- 了解孩子以多樣的方式回應與傳達他們對於特殊故事的興趣與喜愛。
- 知道哪些故事可以運用，或是能為了特殊目的而創造。
- 了解所選的一些故事，因不可預期或無法解釋的原因而無法發揮作用時，並不代表你應全然地停止分享故事。
- 了解孩子已經欣賞了哪些書籍與故事，以便為孩子做下一步的閱讀計畫。

「在與孩子分享故事時，我是否應該期待學步兒安靜不動地坐著？」

一些與學步兒分享書籍時所遭遇的困難，主要來自於對他們行為不切實的期待。照顧者或許會懷疑，當孩子正在學習一些行為模式時，如果允許學步兒在故事分享時間站起來、伸手拿書、中斷說故事或是走開，那即是代表了當他較大時，也被期待不時會有這樣的行為表現。事實上，孩子會隨著逐漸成熟（即使只有幾個月的時間），就會學習到許多新的事物。現今強調的重點應該是如何幫助孩子喜歡上故事，而非對他們未來的期望。學步兒正努力地忙著發展自身的獨立性，一般而言對於參與團體活動不感興趣，所以比較適合的方式是允許孩子表現出他們的獨立性，而非強力要求他們完全的注意力。

「我應該強迫學步兒聆聽故事或看書嗎？」

儘管分享故事十分重要，但我們也絕不應強迫小小孩聽故事。堅持要求學步兒聽故事，違反了教孩子去喜歡書本與故事的目標。但是如果你遇到像是父母對於你分享故事的方式表現出焦慮時，你應如何回應呢？一些父母或許會質疑，如果他們的孩子從小並未被教導成像是一個團體中的成員般，能夠坐好與聆聽，那麼他們的孩子是否能有足夠的準備上幼稚園？你可以向父母保證，如果學步兒體認到書籍能夠帶給自己極大的滿足，那麼他們將會了解「大小孩」應該安靜與聚精會神地聽故事。

「我應如何與母語不是英語的孩子分享故事？」

完全不懂或是只懂一些英語的孩子，會逐漸地像以英語為母語的孩子一樣愛上相同的故事。與孩子分享令我們印象深刻的故事時，可以運用道具輔助。此外，我們也需要以孩子的母語與他們分享故事。許多名著也有英語以外的版本，或者是同時印了英語和另一種語言的版本（相關主題請參考第四章）。這些書可以與課程中的所有孩子分享。

「如果孩子想中斷故事，我該如何做？」

幼兒會藉由製造與他們已經知道的事物或已有的經驗，立即性或自發性的連結，來表現出他們的興趣。一個故事或許會觸發孩子的類似反應，這表示他們的中斷行為並不一定就是缺乏注意力的象徵。相反地，這些干擾或許表示孩子與故事連結在一起。我們應該溫和地感謝他們所提供的意見，並且建議他們或許會喜歡聆聽接下來將發生的內容。故事結束後，應該針對他們的問題或意見提供較多的時間去討論，舉例來說：

莫里斯為三個較大的學步兒朗讀梅·福克斯的《海蒂與狐狸》（*Hattie and the Fox*）。他將書的第一頁展示給孩子看，並且朗讀母雞海蒂的

台詞：「我的天啊！我看到了一個鼻子在草叢裡！」學步兒班說：「那
是狐狸，那是狐狸！」莫里斯微笑並回應：「班，你確定有一隻狐狸
在草叢中嗎？讓我看看是不是真的，那麼海蒂下一步會做什麼呢？」
班之所以造成干擾，是因為他曾經聽過這個故事。他記得有一隻狐狸
在草叢裡，並且自發性地表達出來。莫里斯尊重班，並且認可他的意
見，但也提供了一個理由，讓班能夠繼續保持聆聽。

「在分享書籍的過程中，可否信任嬰兒與學步兒？」

當聽到照顧者說「喔，我們試著提供書本給嬰兒，但他們總是咬書或撕
書。他們還太小，不適合看故事」時，很令人沮喪。同樣地，當拜訪學步兒房
間與書店時，看到學步兒無法伸手搆到書時，也很令人沮喪。我們必須接受一
個事實，孩子需要多次的練習與極大的耐心，在他們能夠熟練好好照顧書本的
技巧時，我們必須要鼓勵與幫助他們。照顧者的部分工作是去幫助小小孩學習
使用教育的素材，而書本正是其中最重要的一種。有時孩子的確會把書弄壞，
但是大部分的孩子會快速地學到，撕咬或粗魯地對待書本會把它弄壞。

「如果孩子看來似乎不喜歡故事，我該怎麼辦？」

儘管事實上有一些孩子看來似乎不喜歡故事，但是如果規律、熱情地持
續提供書籍給孩子，並且將其自然地融入每天的經驗中，大部分的孩子都會將
書視為快樂的泉源。我們可以試讀不同種類的故事，看哪個故事能夠激起孩子
的興趣。在有興趣分享較傳統的故事前，一些孩子會比較喜歡概念類書籍，另
一些則喜歡談到與他們有關的故事，而有些則喜愛童詩與兒歌。試著運用一些
包含了較多互動的故事，例如翻翻書，或是讓孩子負責翻頁，使他們比較投入
（Jalongo, 2004）。當孩子看來似乎對故事不感興趣時，與他個別分享故事會比
與一小群孩子共同分享來得明智。

⚘ 對於融合教育的支持

所有的孩子都有權利從故事中得到快樂與益處。然而我們有時卻無法確定應該如何與有特殊需要的孩子分享書籍與故事，這就像是我們只能找到極少有關如何與三歲以下的孩子分享故事的資訊一樣（Katz & Schery, 2006）。以下是一些支持以融合方式，與有特殊需要的孩子分享書籍與故事的實用建議。

有視力障礙的孩子

提供具有不同質地、觸感或氣味的自製書或購買的書。在為孩子朗讀前，先給他們時間，透過觸摸與辨別氣味去探索書籍。設法確保錄製的故事（如：書本、兒歌、童詩）已被製作成可使用的光碟或錄音帶。將焦點優先放在孩子對於書的注意力上，而非放在分享故事。如果一些額外的資訊對孩子有幫助的話，可以稍微提供給他們。例如我們對孩子說：「這是一本有關大耳朵大象的書，你有耳朵嗎？是的，你有一隻耳朵在臉的這一邊，也有一隻耳朵在臉的另一邊」，並且一面引導孩子以手去碰他的耳朵（Katz & Schery, 2006; Erickson et al., 2007）。

有聽力障礙的孩子

當與孩子分享故事時，確保他們將焦點放在視覺線索上，例如：圖畫或道具。通常你的大腿上是放置這些東西最好的地方。用逼真的圖畫、照片或物品作為故事的視覺標示。表演簡單的故事，並強化故事的順序與情節。當孩子或照顧者演出故事時，不需要對白或台詞（Mitchell, 2004）。

> 表演簡單的故事，並強化故事的順序與情節。

有注意力困難的孩子

在這一章中所討論的有關分享書籍與故事的策略，都能用在所有的孩子身上，包括了有注意力困難的孩子。特殊實用的策略包括了：

- 一次與不超過三個以上的孩子分享故事。
- 選擇內容與孩子感興趣的事物相關的書。
- 分享故事時,表現出極有興趣、表情豐富與十足熱忱。
- 分享許多類型的故事,找出哪些最能深深地吸引孩子。
- 對於故事經驗將產生的作用,與孩子將會有的反應,抱有切實的期望。
- 鼓勵孩子主動參與(可以是口頭的,例如:加入副歌的吟唱;或是身體的,例如:在適當的時間,使用動作或道具)。

如同以上的建議,當我們與所有的孩子分享書籍與故事所帶來的樂趣與好處時,必須具有敏感性、洞察力與彈性。

問題與討論

為嬰兒或學步兒選擇一本你所喜愛的書。

1. 為什麼你喜歡這本書?
2. 你如何與嬰兒和學步兒分享這本書?
3. 孩子對於這本書有什麼不一樣的反應?
4. 為什麼你會推薦這本書給其他的照顧者?
5. 在讀完這一章後,你會以不同的方式與孩子分享這本書嗎?如果會,有什麼不同?

每天我們必須決定應該為孩子選擇什麼故事,以及應該如何將這些故事與孩子分享。這些決定取決於我們對於兒童發展的知識,以及我們所照顧的孩子的特別需要。同樣地,我們的決定也取決於對於說故事與童書的熟悉度;然而,有效率的經驗也必須小心規劃,這在下一章中將提出討論。

有效地運用故事

CHAPTER 5

From Lullabies to Literature

113

「瑪麗有一隻小綿羊，牠的羊毛潔白如雪，無論瑪麗去哪裡，小綿羊總是跟著她。」

6 有計畫地安排故事經驗
準備、觀察、評量

> 故事具有闡明與啟發的作用，
> 引領我們去幻想，並證實我們已經知道的事情。
> ——瑪姬・卡特（Margie Carter），《交換每一天》

為了讓我們所照顧的孩子得到最多的故事經驗，我們提供了各種計畫，以確定這些故事經驗是令人喜愛的、有趣的，並且是以孩子的興趣、長處、挑戰與家庭背景為前提。本書在第二章中，針對小小孩在不同年齡層與階段的發展與學習，普遍所能了解與所做的，做了一個很好的總結。這讓我們在計畫故事經驗方面，有了一個很好的開端。但是為了符合每個孩子的個別需要，身為照顧者的我們，除了需具備一般孩子發展的知識之外，還需加上對托育的孩子個別的深入了解，並且以一種刻意的方式去使用這種了解。

制定計畫包括了三種交織的過程，彼此提供訊息，持續不斷地進行。為了有效地計畫，我們需有所「準備」，方法包括了蒐集材料、建造環境、練習自身的故事技巧，以及發展一種可運用的、現成的有關故事經驗的全面技能。我們也必須「觀察」每個孩子如何參與和回應故事。此外，我們也必須「評量」故事經驗如何進行，以作為修改計畫與規劃下一次故事經驗的依據。

制定計畫需要事先考量好。一些故事經驗比起其他的需要更多的計畫，但這並不表示與嬰兒和學步兒分享故事，最好總是像一種結構性的與預定性的活動。如果撥出一些特定的時間，以一種特殊的方式去分享故事也可以，例如：在小憩時間裡，唱一些安靜的搖籃曲。然而與小小孩分享故事，不應限制在特

注意小小孩

　　我們透過仔細的觀察、聆聽孩子，以及研究他們的作品來了解他們，觀察及傾聽孩子有助於我們了解他們的感受、學習及想法。以下四個指導方針能夠幫助你成為一位有效率的觀察者：

- **重複的觀察**　重複的觀察同一個孩子，能夠讓你了解那個孩子的改變及成長。
- **在不同的情況下觀察孩子**　孩子像你一樣，依照不同的情況，或許會有不同的表現。相關的因素，例如：社會環境、一天中的某時間、個人的喜好、選擇的等級，以及能力的程度，或許會影響到孩子的行為。
- **持續追蹤你所觀察到的情形**　這將有助於你成為一位更有企圖的觀察者，注意孩子的各種行為模式，以及對於孩子有更完整的了解。
- **置身在活動中及活動外的觀察**　不要限制自己，認為你只能夠置身在活動外觀察孩子。當你置身在活動中時，也可以觀察。你可以在活動後仔細回顧，或是做些筆記。

資料來源：Jablon, Dombro, & Dichtelmiller (2007).

定時間與特定方式進行。小小孩天生具有無法預測性，如果我們堅持或甚至預期故事的經驗發生在特定時間，或以一種特定形式進行，那麼將不符合小小孩的發展需要。

　　無論如何，我們不能總是期待適當的與愉快的故事經驗會自然發生。故事的良機經常自發性地產生，但是我們的工作是去安排環境與情境，使得這樣的良機更符合孩子的需求。此外，當故事的良機出現時，我們必須察覺，然後運用技巧與資源，讓良機發揮出最大的效果。

　　為了了解所制定的良好計畫施行的情形，讓我們藉由以下的例子，去拜訪史提夫與艾西亞的托育之家：

史提夫、艾西亞與四個他們所負責照顧的孩子每天早晨去散步。今天他們去拜訪附近的湖。孩子們非常高興，他們看到了一隻鴨媽媽，以及跟在牠後面游成一直線的鴨寶寶們。史提夫在他們短距離的全程散步中，都攜帶著一個小型照相機，並且快速拍了一些照片。孩子們充滿了意見、問題，以及觀察，成人也對此非常關心。兩歲大的彌迦發出很大的吵鬧聲，引起了坐在嬰兒車裡十四個月大的茉麗咯咯地笑與揮手。過了幾分鐘之後，鴨子們游出了視線範圍。三歲大的傑勒米與露露想稍後帶食物回來餵鴨子。艾西亞建議：「我們明天再看看要不要帶一些麵包來，好嗎？」

史提夫與艾西亞已經示範了一些有效的故事計畫原則。他們安排了一個場景（每日的散步），孩子在其中很可能遇上值得發表意見與對話的有趣事件與物品。雖然鴨子家庭的光臨是事先沒有預料到的，但因為史提夫有準備相機，所以能用相片記錄這個事件。

最重要的是，成人知道何時對故事經驗來說是一個很棒的機會：

將場景轉回室內，當艾西亞在書架上與工具櫃裡快速地翻找書籍時，史提夫幫助孩子洗手準備吃點心。艾西亞抽出了一本書頁上有許多鴨子的無字繪本，以及一本羅勃‧麥羅斯基（Robert McCloskey）的經典繪本《讓路給小鴨子》（*Make Way for Ducklings*）（國語日報）。此外，她也在洗碗機裡找到了一隻洗好的玩具橡皮鴨。

◎《讓路給小鴨子》

照顧者可利用戶外教學的經驗，與孩子分享內容相關的故事，並加以討論。

（出版社：國語日報社）

當艾西亞帶茉麗去換尿布時，史提夫坐在地板上與學步兒一起看無字書。當茉麗咬著玩具橡皮鴨時，艾西亞一面幫茉麗換尿布，一面唱著：「有一隻白色小鴨子坐在水中……」史提夫與三個學步兒談論《讓路給小鴨子》中的圖畫，並且與他們討論，「他們的」鴨子與故事中的鴨子有什麼相似處或不同處。

在湖邊，史提夫與艾西亞注意到孩子們對鴨子有興趣，因此一回到托育之家，立即運用與鴨子有關的繪本、歌曲與更多的談話，延伸且豐富了與鴨子偶遇的經驗。

下午時，史提夫建議孩子們寫一個與他們早上冒險經歷相關的故事。傑勒米與露露口述：「我們看到了一隻鴨子媽媽與牠的鴨寶寶們。牠們在游泳。我們明天還要去看牠們。」彌迦發出大聲的鴨叫聲，於是史提夫加了一段故事：「鴨子媽媽說：『嘎嘎、嘎嘎！』」

史提夫提供了紙張與手指畫顏料，並且建議孩子們畫出池塘中的水與鴨子。孩子們一面興奮地畫畫，一面熱烈地討論。當孩子午睡時，史提夫將他在湖邊所拍攝的照片印出來。艾西亞將照片與孩子口述的故事貼在公告欄上，供孩子的家人觀看。當一天的托育時間結束後，艾西亞將每位孩子的畫交還給他們，並且建議孩子的家人在回家的路上要求孩子：「告訴我有關你圖畫的故事。」

透過孩子們散步時自發性的冒險經驗，史提夫與艾西亞已經準備好將這事件變成故事的經驗，如此能夠持續提升孩子的興趣。他們藉由照片記錄孩子偶遇鴨子的經歷，並幫助孩子成為他們自己的鴨子故事的作者。史提夫仔細地記錄孩子們所有的想法，包括了彌迦所製造的「嘎嘎」聲。史提夫與艾西亞確實地去分享故事與照片，他們了解與孩子的家人分享孩子的學習經驗，不僅能加強孩子與父母間的情感連結，也能發展照顧者與家庭間的信任感，並且鼓勵彼此的溝通。

一天下午艾西亞與史提夫去搜尋更多有關鴨子的書籍。他們也同時搜尋某些孩子特別感興趣的其他主題，例如：漂浮。他們互相提醒對方一些有關鴨子，或是可以改編成與鴨子有關的詩和歌曲。艾西亞發現了一本戶外指南，能幫助孩子在下一次拜訪小湖時，辨認出是否有看到鴨媽媽。史提夫在為孩子所寫的故事中，加入了他們在看鴨子的照片，並將之裝訂成一本書，再加裝了封面，上面寫著「我們的鴨子故事，作者：傑勒米、露露、彌迦」。孩子們隔天可以再翻閱這本書，並且持續為其加入新的資料。

最後艾西亞與史提夫以孩子有關鴨子的經驗與反應，作為隔天教學的計畫。他們也尋找額外的資源，並且由於他們仔細地觀察孩子們，所以能夠選擇出適合孩子的個別興趣以及進一步的相關故事，這些故事可以滿足與延伸孩子的好奇心。

❖ 為孩子安排適當的環境與活動，使得故事的良機自發
　性地產生。　　　　　　　　　　　（照片提供：葉以玲）

雖然並非每天都有機會經歷到這種豐富的故事經驗，但我們也很難在托育中心裡的任何一天中，發現孩子「沒有」做出一些能夠顯現出他們的興趣，以及啟發他們的能力的探索活動。在這一章中，我們檢視制定計畫的各個面向，以及迎合每個小小孩個別需要和興趣的關係。

問題與討論

想像你是一位照顧者，照顧的對象是一群兩歲大的孩子。連續幾天，某些孩子變得對脫鞋與穿鞋很感興趣，他們在一天中試著穿脫鞋子數次。當討論以下的問題時，想想艾西亞與史提夫針對孩子的情形，可能會採取的教學步驟：

1. 你會如何將故事分享與孩子一時興起的興趣做連結？你會計畫提供什麼其他的經驗給孩子？

2. 你會與孩子分享什麼樣的圖書資源，以促進他們對於各種鞋子的了解？如果你不熟悉鞋子類的書，你會去哪裡尋求意見？

3. 你會與學步兒分享哪些有關鞋子與裝扮的童詩和兒歌？你能夠修改一首著名的童謠或兒歌，使它的主題與孩子的興趣——鞋子一致嗎？

4. 你如何依照所訂定的目標，吸引孩子進行有關鞋子的遊戲、談話與故事？你也會將之與孩子的父母分享嗎？

在訂定故事計畫時需平衡各種考慮的因素

如同在前面章節中所討論過的，訂定故事經驗的計畫需透過適合孩子發展與注重文化意義的教學，仔細地準備優良的環境，提供各種精心挑選的資源，來支持孩子參與故事的活動，以及對故事的熱愛。這意味了我們得找出各種需考慮因素的正確觀念，以下是這種複雜的平衡行動的一些例子。

熟悉的與嶄新的

如果小小孩面對過多嶄新的事物，他們在情感與心智上會無法承受。然而，如果事物一成不變，也會使他們感到無聊。當嶄新的與不熟悉的經驗建立在熟悉的經驗上時，孩子可能會感到比較有安全感。當加強與延伸孩子既有的知識時，可以用孩子熟悉的經驗作為開端，然後一步步地朝向新的經驗。

了解到這一點，我們應該仍將孩子喜愛的一些書放在書架上，並且不時添加新的書籍。孩子喜愛與熟悉的一些童謠、童詩或故事，應該與新的故事一起被反覆提供。這種平衡的計畫類型，意味著故事須符合小小孩對熟悉感的需求，並且提供機會給小小孩去探索與接受新奇事物的刺激。

對於哪些書需從書架上撤除、哪些新書需方便取閱、哪些故事需重複分享，以及哪些故事需補充得更完整，都需要經過周詳的決定，而這些決定主要是以觀察孩子目前的興趣，以及托育中心課程的特色為基礎。以下是有關一位照顧者如何訂定讓她課程中的嬰兒能方便使用書籍的決定：

蘇小姐在一個托育中心裡負責照顧嬰兒。她的教室小而舒適，有一些耐用的書與印刷媒材提供給嬰兒去探索。每隔兩個星期，她會去檢閱教室中提供給孩子使用的書本，並且將其與她所記錄有關嬰兒目前的興趣、技巧、需要，以及照顧者與他們分享故事的參與經歷的筆記做對照。

當蘇小姐訂定故事計畫的期間，她知道接下來的兩個星期，孩子們將面臨一段難熬的時間，因為平日負責照顧他們的兩位照顧者將離開，這或許會造成孩子的不安，所以她決定只撤除書架上原有的一或兩本書。此外，她將孩子喜愛與熟悉的許多本書放在書架上展示，希望藉此讓孩子感到安心。

秩序性與多樣性

> 訂定好的計畫，包括了以易管理的方式，提供各種有趣與令人喜愛的故事經驗。

多樣性對於孩子的多元興趣、長處與需要非常重要，更能幫助他們成為故事的參與者，以及日後成為說故事者。在第三章與第四章中，描述了許多我們能夠運用在嬰兒與學步兒身上，不同的故事經驗與素材。過多的選擇會讓人無法承受。訂定好的計畫，包括了以易管理的方式，提供各種有趣與令人喜愛的故事經驗。

舉例來說，在書籍被妥善地收藏、分享與照顧方面，去平衡孩子對於獨立與自由，以及秩序感的需求是很重要的。其中的一種方法是仔細地規劃說故事區的陳列。在第五章中，我們討論了如何去建立這種為嬰兒與學步兒所設計的空間。

我們最好能夠熟悉所有可運用的故事資源——去閱讀所有的書，知道說故事的道具放在何處，以及學習新的童謠與手指謠。如果你了解你有哪些資源，以及資源放在哪裡，那麼當一個說故事的機會出現時，你就可以輕易、快速且適當地做回應。

可預期性與彈性

因為小小孩在成長茁壯時，需要事物具有一定的可預期性，如果每天至少有一段時間，可以讓嬰兒與學步兒分享故事，這或許是個好點子。但是如果孩子的課程過於按表操課，或是在每天固定的時段中，必須固定地分享故事經驗的話，將會造成極大的失敗。對於孩子來說，一個定期預先安排的故事分享活動，在豐富性與愉快的程度方面，都無法與在整天中注入了唱歌、閱讀、吟誦歌謠或兒歌、說故事，以及分享書籍的課程相比。

能與嬰兒與學步兒工作良好的成人，經常會考量如何去介紹、豐富，以及延伸故事與其他語言的經驗，並且總是以自然的方式加以運用，這鼓勵了孩子將之視為每天生活中必不可缺的部分。孩子的需要與興趣、團體的氣氛，以

及任何無法預期或愉快的事件，都能讓我們聯想到一個故事、一首童謠或一首兒歌。

　　保持這種彈性，並不表示每天的例行活動沒有秩序感或一致性。當幼兒可預期下一步將發生什麼事時，心理上最有安全感。無論如何，如果有一件令人興奮的事件發生了，例如：早晨下了一陣小雪，照顧者應能回應孩子的興趣與愉悅的心情。我們或許可以拿出艾茲拉‧傑克‧季茲（Ezra Jack Keats）的經典繪本《下雪天》（*The Snowy Day*）（上誼）來分享，代替原本介紹一本新的概念類書籍的計畫。同樣地，如果一群嬰兒在晨間散步時，看到了公園裡的一隻狗，我們可以唱〈賓果〉（BINGO），並說一個有關我們自己狗狗的故事。

　　故事能與孩子的經驗相連結。史提夫與艾西亞將《讓路給小鴨子》與他們和孩子們在湖邊看到的鴨子做連結。反之亦然，有時孩子對於故事所產生的興趣，將引導我們想到可以連結一些其他的經驗，幫助孩子了解他們自己的經驗與故事中所描寫的經驗間的連結。舉例來說，在分享完伊芙‧邦緹（Eve Bunting）的幽默與美麗的繪本《花園》（*Flower Garden*）後，或許照顧者可以幫助學步兒將他們自己的家或托育中心的花園，與書中的花園做連結。有些問題像是：「梅，你家的花園在哪裡？」或「班，我們昨天在花園裡做了什麼？」能幫助孩子將他們所想像的花園故事與他們的生活做連結。

有目的性的或自由的選書

　　如果我們所製造的連結具有創意，並且考慮周詳，那麼幾乎在任何情況下，都能創造出完整的學習機會。然而，並非所有的經驗都必須發展成一個課程。有時只要孩子經驗到故事分享時所發生的事物就夠了。我們不需在每次的故事經驗後，都問孩子問題，有時孩子需要在沒有成人提出問題干擾的情形下，去思考所分享的故事或看看書中的圖畫（Jalongo, 2004）。

　　有時我們只是單純地選擇一些能夠引起孩子興趣與帶給他們歡樂的故事經驗。舉例來說，有些內容有趣、角色吸引人的美麗繪本，就算它們與孩子目前的興趣與經歷的事件沒有完全的關係，我們也應將它們與孩子分享。透過分享上百個故事，並且注意到哪些故事最能從嬰兒與學步兒處得到熱情回應，我們

將會了解哪些是絕不可錯過與孩子共同分享的書。這份書單會繼續擴充，因為傑出的新書會不斷出版，或是我們經由別人的口中，會發現自己忽略了一些令人喜愛的好書。

問題與討論

事實上，為整日的課程訂定故事經驗的計畫是一種技巧。如果你正在為你的中心選擇一位能夠看重孩子參與和喜愛故事經驗的照顧者，針對以下的問題，你希望能夠聽到什麼答案？

1. 你將如何培養孩子對於故事的喜愛？
2. 當訂定分享故事的計畫時，哪些資源是適當的？
3. 當分享故事時，如何幫助你建立與孩子間的關係？
4. 分享故事如何才能幫助支持孩子的啟蒙讀寫能力技巧以及對語言的了解？

訂定自在與支持性的故事計畫

與孩子共同分享一個故事所帶來的身體與情感的親密感，能讓孩子感到一種特殊的安全感，這使得故事成為有價值與有用的工具。當孩子遭遇困難時，故事可以用來安慰與支持他們：

◆ 對於一個在晨間時刻很難與媽媽分開的學步兒，照顧者或許可以藉由朗讀一本他所喜愛的書來安慰他。書可以是孩子從家中帶來的（如同一個過渡的物品），或是中心的藏書。一本有關分離主題的書也許會有幫助，例如：奧黛莉・潘恩（Audrey Penn）為較大孩子所著的《魔法親親》（*The Kissing Hand*）（上誼），能夠用來告訴學步兒一個使他們感到安慰的故事。

◆ 專門為一個即將離開中心一段時間（如：因為生病）的孩子所做的、屬於他個人的書，這能幫助孩子感到自己仍與中心保持關係，例如：一本書中包含了一些在教室裡或家庭托育中心裡，孩子所熟悉的、附有標題的物品的照片，或是其他一些附有註記的孩子與工作人員的照片。

◆ 說故事可以讓孩子在例行活動的轉換時間裡感到放鬆，例如：到地毯上集合，或吃點心時間。在這些時間裡分享故事，能夠幫助孩子了解他們正處於從一個活動經驗轉換到另一個活動經驗的過渡時間裡。舉例來說：

◎《魔法親親》

當孩子面臨分離焦慮時，照顧者可以藉由朗讀一本孩子所喜愛的溫馨繪本來安慰孩子。

（出版社：上誼文化實業股份有限公司）

當柯琳的團體準備到戶外時，她總是說這個簡單的故事：「所有在紅教室裡的孩子們，都穿上了他們的外套，戴上他們的帽子與手套。現在他們準備到戶外盡情地玩樂！」這個故事傳達了即將從「室內」到「戶外」的訊息。

像這樣有關於下一步即將發生的事件或例行活動的故事，為孩子準備了接受即將發生的事物的心理。

◆ 故事能幫助孩子在午睡或休息時間中安頓下來。學步兒是忙碌、活躍的遊戲者，他們需要成人支持幫助他們學習如何慢下來與「停止」，這樣他們才可以休息或睡眠。

◆ 同樣地，具有押韻結構
或甚至節奏的故事，能
夠幫助嬰兒與較小的學
步兒，無論是在午睡前
或是沮喪時，輕鬆地進
入一種比較沉穩的狀
態。為嬰兒唱搖籃曲，
也能幫助他們在午睡時
安頓下來。

　　在休息或是午睡時間前
為孩子讀書與提供書本，能
幫助他們建立終身睡前閱讀
的習慣。讀寫能力的專家建
議，較大的孩子應該擁有睡
前說故事的時間，藉由與成
人共讀或獨立閱讀，來支持
他們的讀寫學習力（Burns,
Griffin, & Snow, 1999）。雖
然小小孩還不能夠獨立閱
讀，較早建立良好的睡前閱
讀習慣對他們比較好。

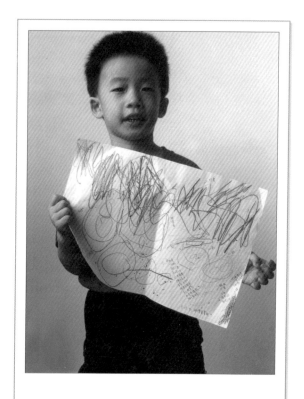

❖ 為孩子在所畫的故事上加上註解，作為觀
察孩子故事經驗的紀錄。

（照片提供：林傳恩）

發展訂定故事計畫的技巧

　　好的計畫開始於有所準備。我們需要能夠發現故事分享的機會，並且當機
會來臨時，需準備好抓住那一刻。這種能力需要知識技巧與敏感度，為了儲備
這種能力，需增進與延伸我們作為說故事者與故事參與者的技巧。以下幾點或
許能幫助我們發展訂定故事計畫的技巧：

- 常態地使用專業發展的書籍，例如本書，持續地建立自身的知識。

- 練習富有表達力地說與讀故事，尤其如果你對於故事分享不熟練，或是對自己的能力沒有信心時。

- 當孩子去探索書籍或參與故事經驗時，花一些時間傾聽與觀察他們，並了解他們的興趣。

- 確定你所需要的所有資訊都在手邊，能夠富彈性地分享故事。

- 當你與其他人分享故事時，表露出意外、驚奇、興奮、愉快、樂趣、興趣與喜愛，會使孩子了解發生了什麼事情（Zeece, 2003）。

- 彙編我們訂定計畫的筆記本或資料夾，其中記載了許多我們觀察孩子的故事經驗的紀錄。如果恰當的話，可以伴隨一些照片。我們可以反覆地看這些筆記本，以得到一些心得：為什麼故事經驗對孩子來說很重要？故事經驗可以如何延伸？為什麼故事經驗可能需要被重複？

當我們計畫分享故事時，需評量孩子對於我們所提供的故事經驗的回應，並思考我們的分享技巧。回想我們持續地計畫與準備新的故事分享機會時，哪些方面進行良好，以及哪些方面沒有幫助。

為嬰兒與學步兒訂定故事經驗，能夠讓我們為他們建立起對故事的新興興趣、豐富他們的學習，以及幫助他們發展成為故事參與者與說故事者。我們訂定計畫的技巧越好，對孩子所能提供的故事經驗也將越好。此外，為了提供最好的故事經驗給孩子，我們也必須與孩子的家人合作，這個主題將在下一章中討論。

嗯，車子……梅莉卡，你指著那輛車子。你和爸爸一起坐車嗎？……大！是的，梅莉卡，那棟建築物很大。

7 與家庭的夥伴關係
透過溝通豐富故事經驗

每一個家庭都有故事與說故事者……

這些故事幫助孩子了解他們是誰，與他們來自哪裡。

——貝蒂·巴黛琪（Betty S. Bardige）與瑪麗蓮·賽格爾（Marilyn M. Segal），

《用愛建立讀寫能力》（*Building Literacy with Love*）

當孩子學習喜愛故事，與發展他們作為溝通者與學習者的自信時，家庭扮演了一個重要的角色。我們可以幫助家庭辨認出哪些是培養孩子喜愛故事的機會。有的家庭會有一些故事分享，那些是世代傳下來的，或是他們家族文化中一個很重要的部分，例如傳說故事。

所有的家庭都有他們自己的經驗，可以為故事的開場提供一個極佳的起始點。這些包括了主要的事件（如：搬到一個新家、得到一隻新寵物、新生兒的誕生），以及每天發生的事（如：買了一台新冰箱、爸爸弄丟了新鑰匙、拜訪祖母、慶祝假日、去動物園）。這些經驗分享的家庭記憶非常重要，如果說出來，將成為珍貴的故事，有助於孩子對於自我的感覺，以及強化他與家庭、文化和社區的連結。

將故事運用在孩子身上的一個主要好處是，可以強化彼此的關係。當家庭與照顧者分享有關孩子與家庭的經驗、文化傳統、社區生活，以及孩子在托育中心經驗的故事時，每個人——包括孩子、家庭、照顧者，以及托育中心全部都受惠。彼此的關係會成長，照顧者與家庭也能互相學習。當我們與家庭溝通時，我們可以並且也應強調故事在孩子生活中的重要性，此外，我們必須強化

❖ 得到新寵物的事件，可以作為故事的開場。

（照片提供：葉家禎）

與支持家庭的熱情與承諾，並將之分享。在這一章中針對與家庭有效地合作，提供了一些祕訣與指導。

以家庭為主軸的融合觀點

　　當我們與家庭分享故事與建立關係時，必須察覺我們所帶入彼此關係中的信念與價值觀。內含的信息來自於我們所受的教養、經驗與訓練。照顧者有時必須努力辨認出這些信念與家庭互動的影響。

　　照顧者與家庭的信念系統可能不同，寬懷與誠實的溝通對於促進彼此互重的關係很重要。我們必須坦承我們自己的信念與價值觀，以了解參與課程的家庭對於育兒的不同意見。然後，我們可以開始與家庭遵照他們所認為重要的共同行事，找出一些彼此相同的看法，這有助於每個人對於維護孩子福祉感到自在。

家庭對於他們自己的孩子有高標準與理想，而照顧者具有堅定孩子原有的態度與信念，以及幫助他們塑造新的態度與信念的雙重角色。到底我們說故事所考量的為何呢？舉例來說，告訴一位父親，他兩歲大的兒子有多麼喜歡聽故事，或許能夠鼓勵他開始在家中分享故事，也或許可以加強這位父親堅定的信念，認為與孩子分享故事是一種有價值的經驗。

> 家庭對於他們自己的孩子有高標準與理想。

有時，當彼此的價值觀起衝突時，孩子的家庭或許會感到托育課程沒有尊重他們的信念、經驗與知識（或是我們會有這種感覺）。尤其是如果其他家庭的信念、經驗與知識都與照顧者吻合時，這種情形會特別難處理（McNaughton, 2007）。對我們來說，挑戰是去看到我們所熟悉的以外的看法，並且去發現一些方法，以包容家庭帶到托育課程中的不同觀點。家庭會依據其文化或社區傳統，以各種不同的方式，與他們的孩子分享語言、故事與書籍（Curenton, 2006）。我們對於這些不同處應努力加以尊重，並從中學習：家庭與照顧者必須以夥伴的關係攜手合作，這樣的關係是以孩子的最佳利益為前提所建立的。

以下的例子說明了家庭的經驗對於孩子理解力的影響。它也顯示了照顧者能夠同時敏銳與創意地調整故事，以強調孩子的相似處與相異處：

一天早晨，兩歲的史恩玩黏土時，他將一根塑膠吸管插入他所捏造的一塊黏土中。他沉思地審視了那塊黏土一會兒，然後向前傾，一面朝吸管吹氣，一面唱〈生日快樂〉。他模仿了與家人參與的傳統慶生儀式。其他的兩歲學步兒好奇地圍在桌子旁，喧鬧地吵著要吸管及模仿史恩的行為。他們的照顧者伊莉莎白與他們一起唱歌，並且為三個孩子拍了一張他們與「蛋糕」的合照。

到了下午，所有的孩子都回家後，伊莉莎白將所拍的照片貼在硬紙板上。第二天，她將照片展示給孩子看並說了一個故事：「有一天，史

恩用黏土做了一個生日蛋糕。迪翁與李也做了蛋糕！他們都將蛋糕上的蠟燭吹熄，並且唱了〈生日快樂〉歌。」

之後，伊莉莎白想知道，是否她團體中的學步兒在家有慶祝生日、為特別的日子命名，或有參加其他的特殊場合。在確定了每個孩子的家庭至少會慶祝某個快樂的日子後，她將一張紙貼在門上，並且要求家長在上面簡短地描述他們特殊的慶祝活動。伊莉莎白將這個資訊轉成一個稱為「我們如何慶祝我們的特殊節日」的故事。她運用了相同的公式在每個孩子身上：「當〔孩子的名字〕慶祝〔他／她〕的特別的一天，〔他／她〕……」她用家長們所提供的資訊填入空格中。

學步兒喜愛這個故事的形式，並且要求經常能聽到他們自己的故事。很快地，當伊莉莎白說到每個孩子時，孩子們也能和諧一致地和她一起描述。伊莉莎白用中心的照相機為每個孩子拍出聆聽她描述有關他們的慶祝活動的照片。她組合了所有的照片與描述，做成了一本相本，而它成了故事角中最受歡迎的書之一。

在開始這個方案前，伊莉莎白確定了每個家庭都有舉行慶祝活動，而不至於讓任何一位孩子覺得自己被排除在外，或讓任何家庭覺得不舒服。如果團體中有任何一個家庭不贊同這種慶祝特殊的場合，她將不會進行這個故事的活動。幸而，伊莉莎白得到了全體家長的贊同，她根據課程中不同家庭習俗的考量，以及設法吸引孩子投入說故事的互動中，去鼓勵孩子看重其他人的經驗與故事。

雙向溝通

當照顧者與孩子的家庭雙方經常且清楚地溝通後，孩子所聽到的與所說的故事會變得更有意義。當家庭知道更多有關在課程中發生的事時，他們能夠互

相談論,並且會鼓勵具有語言能力的較大孩子,去談論有關他們在課程裡所發生的故事;當照顧者更了解孩子的家庭時,他們更能洞察孩子的興趣,以及他們在課程之外的生活情形。

當我們將孩子在家的經驗,合併在我們課堂上所說的故事中時,我們表現出了對於家庭的尊重,也讓故事更有意義,並因此更能引起孩子的興趣。我們也可以要求家庭與我們分享他們孩子所喜愛的歌曲、書本、詩,以及其他故事。將家中孩子所熟悉的故事經驗併入托育課程中,能夠增加孩子的安全感,並且強化孩子的家庭與課程間的橋梁。

問題與討論

在強化孩子與家庭的連結有多重要時,請考慮以下的問題。

1. 告訴一位朋友或同事一個你所喜愛、有關於你自己家庭的故事。當你述說有關於你自己家庭的故事時,你的感覺如何?如果你的故事引起了你強烈的記憶或感覺,可能是驕傲、羞恥、快樂、生氣或懷舊的,那麼你的聆聽者如何幫助你接受以及處理你的感覺?是認同你的怒氣,或是質疑你的驕傲?

2. 當你聆聽孩子有關他們家庭的故事時,你將如何幫助他們說那些故事?請記得,當小小孩說故事時,或許他們只能用非常少的字,而依賴你去填滿許多的空隙!舉例來說,如果你正在聆聽一個有關於媽咪的拇指如何被夾在車門裡的故事,而說故事的學步兒對你說「媽咪哎喲!」時,他將需要你給他鼓勵與幫助。當你照顧孩子去了解有關他們家庭的故事時,你強化了與孩子家庭生活的連結及興趣:他們的家庭成員、他們的活動,以及他們的互動。

當照顧者與孩子的家庭分享他們的知識時,有關孩子的新資訊會持續地浮現(Rinaldi, 2006)。舉例來說:

十八個月大的艾咪最近開始參加卡拉的家庭托育課程。雖然艾咪入學

時，卡拉有遇到並且與她說說話，但每次只要卡拉與艾咪的媽媽談過話後，都會發現一些有用的、關於艾咪的新資訊。卡拉發現艾咪之前由住在農場裡的外婆所照顧，在得知了這一點訊息後，卡拉對艾咪更為了解，特別是有關故事方面：艾咪喜歡有關農場動物的故事，特別是當說故事者將動物的聲音融入故事中時。

當我們一起支持孩子的發展與學習時，每個人都發現了更多有關孩子的事情。因為一起分享觀點與資訊，於是我們都能得到孩子較完整的圖像。舉例來說，一位母親會很高興從照顧者那裡聽到有關自己的孩子，對於押韻的文字具有強烈的興趣。這位母親開始在家中與學步兒玩文字遊戲。她之後告訴照顧者：「突然間，我們好像發現了一些特殊種類的樂趣，而且能一起樂在其中。」

總之，在照顧者與家庭之間有效的溝通能幫助我們所有的人去：

詮釋孩子的行為　舉例來說，如果照顧者知道一個學步兒的家裡，最近有一隻狗過世了，當這個孩子聽到有關失去了一隻狗的故事時，照顧者便能了解孩子悲傷的心情，並且給予適當回應。

注意到我們或許沒有看到的其他方面　舉例來說，一個孩子開始用他的手指去翻硬頁書，而不是用整隻手去抓，這是一個令人興奮的里程碑，值得分享。如果我們將這發展的情形轉達給家長，或是假設家長告訴我們類似這樣的事件，那麼我們會受到鼓勵，更仔細地去觀察孩子，並且注意到其他能夠表現出孩子驚人的學習能力的迷人行為。

建立孩子的興趣　舉例來說，如果一位母親告訴照顧者，她的孩子被水所吸引，那麼照顧者會知道與孩子談論他過去與水有關的經驗（如：當他去游泳時），以及能說說有關水的故事（如：鴨子在雨中濺水）。

如同我們應個別處理與每個孩子的互動，我們也應個別處理與每個家庭的交流。有些家庭對於自己為孩子所做的決定感到自在，有些家庭渴望得到照顧

者的建議，而有些家庭總是視意見為批評。我們應將目標放在透過故事與其他活動，培養家庭與孩子互動的自信與歡樂上。

文件與小小孩

用文件記錄嬰兒與學步兒的故事經驗，可以幫助其他人清楚地看見他們學習的情形（Rinaldi, 2004）。這對小小孩的家庭特別重要，因為這個年齡層的許多孩子，還無法完整地說出每天所發生的事，而且說故事的經驗，很可能還無法產出許多作品（例如：繪畫或寫作的小作品）。

文件「能讓父母對於他們孩子在家庭以外的經驗，感到較為親切」（Gandini & Goldhaber, 2001: 132）。當文件被視為一種連結家庭與孩子在托育中心裡的生活方式時，它們就變成了一種愛與關懷的行動。

當孩子享受與分享故事，以及使用語言時，能夠透過筆記、日記、錄音帶、照片與錄影帶，製作成孩子的文件。內含照片的文件是與家庭分享孩子的經驗一種極佳的方式。雖然相關器材包括了數位相機、掃描器，以及印表機，價格較高，但或許我們可以向當地圖書館或孩子的家長商借這些資源。

對於還不會說出自身學習經驗的小小孩，或許文件中也可包含了我們對於孩子透過了肢體語言、姿態，以及行為所觀察的紀錄。舉例來說，如果在一個布告欄或一張海報上，貼了一張一個十四個月大的孩子在閱讀繪本的照片，那麼或許我們也可以在上面附一些註解，包括了成人與孩子分享書籍時，孩子如何指著書頁上的一樣東西，以及如何努力地重複所聽到的聲音。

與孩子的家庭分享這些資訊，並且將他們所做的回饋併入新的計畫中，是一種持續進行的過程。我們可以蒐集孩子的家人所提供給我們的一些資訊，包括孩子在家中所喜愛的故事，以及家庭分享故事的不同方式。有些

（續下頁）

家庭會描述他們如何與孩子口述故事,而另一些家庭可能會分享他們家的嬰兒或學步兒所喜愛的繪本。這些資訊在托育之家或托育中心裡,都可當作計畫故事經驗時的參考(Curenton, 2006)。

文件也可用來創造新的故事去分享。舉例來說,我們可以拍下學步兒團體散步到公園的照片。之後,我們可以將照片貼在一本堅固耐用的空白筆記書中,或是一面矮牆上,並且在照片下方,記下孩子自己所描述的散步經驗。要求一些說英語以外的語言或是同時也說英語的雙語家庭,以他們的母語為照片或在其他的文件加上說明的文字,這可補充我們以英文所寫下的說明。

以這樣的方式用文件做記錄,可以為孩子們創造或保留有關他們自己經驗的故事,好讓孩子去分享、重溫所發生的事件,以及持續從中學習。孩子或許也會興奮地與他們的家人分享這些故事。這些與團體分享故事的經驗,豐富了孩子的生活,有助於支持孩子的歸屬感。

❖ 將在南瓜園散步的照片加上圖畫或文字,以保留或創造孩子自己經驗的故事。

(照片提供:葉婕玲)

問題與討論

1. 你如何與孩子的家庭交流有關他們孩子在故事與語言方面的興趣？

2. 孩子的家庭從你這邊所得知的，有關他們的孩子在學習、發展與行為方面的「好消息」與「壞消息」一樣多嗎？

3. 有哪三種方法可以促進你與孩子的家庭交流，並談論有關孩子聽故事與學習語言的情形？

4. 你會如何讓孩子的家庭參與決定，以何種方式來得知孩子的資訊？

鼓勵家庭說故事與分享書籍

　　以下是一些有關支持家庭與他們的孩子使用故事與書籍的實用建議。這些建議應加以調整，以適合參加你課程的家庭。其中最重要的是問問家長，當他們開始培養孩子對於故事的愛好時，「他們」發現什麼是有幫助的？請依照他們所說的去做。

讓孩子的家庭了解，所有他們可以與小小孩使用故事的方法　幫助家長看重各種故事經驗的價值，包括：口述的故事、語言遊戲、童詩、兒歌、書中的故事、家族文化或社區的故事，以及家庭本身的故事。

在你托育課程的通訊中，包含一些有關故事的資訊　你可以針對不同年齡層的團體與興趣，列出一些附有註解的推薦書單，或是利用通訊的一個區塊，建議一些在家中可以嘗試的創意故事分享點子，以作為課程通訊的固定專欄。

讓孩子的家庭了解書籍、童詩、音樂，並且告訴他們孩子目前所喜愛的故事　考慮每週說一個故事、一本書、一首童謠或兒歌。如同書店中有員工負責寫書評一樣，托育中心裡可以有人負責每週寫一篇故事評論，並強調為什麼這個故事受到歡迎；換句話說，是什麼特質特別吸引團體中的孩子。同時也可以提供

一些孩子對於該故事的回應。這些評論可以放在家庭通訊中，推薦書單的旁邊，或者是張貼在布告欄上。

安排一個家庭之夜，並且邀請一位熟練的說故事者出席，這位來賓最好是孩子的家人　在許多家庭中，年長的家庭成員（如祖父母）通常是優秀的說故事者，有許多美好的故事可以分享。孩子喜歡聽他們喜歡的人所說的故事。如果孩子的家庭成員能與其他家庭的成員分享故事，將能提升他們的自尊與樂趣。

要求孩子的家庭貢獻一些來自於他們自己的童年、文化背景或母語的故事給課程使用　在一個托育中心裡，一群來自於非洲不同國家的母親，用中心的錄音機，以母語錄下了一些傳統歌曲。這些歌曲不僅引起所有孩子的興趣，對於那些熟悉並在家中說這些語言的孩子，無不感到撫慰與舒適。以英語以外的語言，將問候語、歌曲、書籍與故事併入課程中，就像將各種不同文化的圖畫併入課程中一樣，將有益於所有的孩子，並使他們感到愉快。

重視每個家庭的能力，並使其對課程有所貢獻　針對以下的例子，思考孩子的家庭如何利用其特殊的天分與興趣，支持故事在托育課程中的使用：

> 托德的父母是青少年，他們都是有天分的音樂家：一位彈吉他，另一位唱歌。他們同意每週一次，與中心的孩子們分享他們的天分。孩子們很高興聽到他們唱一些熟悉的童謠，並且熱情地去學他們所介紹的新歌曲。

問題與討論

1. 你曾經面臨必須決定，你課程中的一位家庭成員所使用的故事、歌曲或書籍是否適當，且是否具有價值的情形嗎？
2. 如果有，你所考量的問題是什麼？
3. 你如何解決那些問題？你對自己的決定感覺如何？

鼓勵家庭使用公共圖書館　要求圖書館員建議一些他們館藏中適合小小孩的書籍。張貼一張公告給家長看，強調圖書館中有哪些可借閱的書。安排一趟到圖書館的團體參觀。在家庭通訊中，包含了有關如何辦理借閱證的資訊。邀請兒童圖書館員到中心為家庭演講有關圖書館的資源與特別的活動。

設立一個可供借閱的圖書館　確定你所提供的書包含了你班上所有家庭的母語。有些父母或祖父母可能會渴望幫忙組織一個可供借閱的圖書館，這是一個讓家庭參與的好方法。

製作一些故事收藏袋　故事袋可以包含一本適齡的書，或是一套童謠卡，一些可以邊說故事邊操作的手指偶道具、毛氈偶，以及一些與書籍相關活動的建議。此外，也可以包含一張有關故事分享的祕訣單張。如果孩子的家庭不確定如何使用故事袋，需安排時間為他們示範一下（Anning & Edwards, 2006）。假使可能的話，故事袋應依據托育課程中所有家庭的母語，而有不同的版本。在某一個社區中，有一個當地的種族協會同意提供翻譯故事袋資源的基金。如果資金缺乏，當地的服務性社團或許可以資助這些故事袋。故事袋中的書，也可以在二手書店以便宜的價格購得。

舉行一場家庭書籍拍賣會或交換市集　這樣能夠讓家庭進行買賣或交換因為孩子長大而不再適用的一些書，以及添加一些藏書。這種花費不多就能擴大家庭圖書館的方法，也有助於將家庭、孩子與照顧者聚在一起。

為家庭安排一場書籍製作研習會　要使成人對於吸引嬰兒與學步兒的書產生敏感度與理解，很少有比「鼓勵成人去自製一本書」還更有效的策略。這樣的研習會將是一種有價值的學習經驗，也是建立參與者之間合作與社群關係的一種機會。

最重要的是與家長聊聊他們的孩子　強調孩子驚人的學習能力，以及家庭每天能夠用來促進孩子對於故事喜好的一般性方法。每天托育時間開始與結束的談話，能促使家長與照顧者之間建立關係。

一般性的指導方針

當你努力促進家庭有效地運用故事時，請記住以下的方針：

◆ 以個人的長處與能力作為開端。所有的孩子、父母、家庭以及照顧者都具備這些。

◆ 避免以額外的責任造成家庭的負擔。相反地，幫助他們利用每天的機會，將故事融入孩子的生活中。幫助他們了解，或許他們已經進行了許多非正式的故事分享活動。

◆ 幫助家庭了解與建立他們孩子的興趣。確實地去追蹤這些興趣在家中是如何被經驗到的。

◆ 強調故事分享應該是有趣的。鼓勵家庭一起歡笑，也一起享受故事。我們很容易忘記，與孩子一起分享和學習可以（且應該）是有趣的。

> 我們必須幫助家庭了解，他們不僅能夠做得非常好，而且或許已經做得非常好了。

我們必須幫助家庭了解，他們不僅「能夠」做得非常好，而且或許已經做得非常好了。孩子的家庭或許會很驚喜地了解到，他們的嬰兒與學步兒喜愛故事，而我們或許也會同樣地驚訝與高興地發現，小小孩在家中有非常豐富的故事經驗。鼓勵家庭與他們的孩子分享他們的故事，不論這些故事是什麼，也不論他們可能會如何進行分享。照顧者所能帶給孩子的最好禮物之一，就是去支持孩子與他們的家庭關係。

在這本書中，所有有關故事的資訊，都可以用一些方式與家庭分享。此外，我們所提供給孩子的所有經驗，都將在家庭與照顧者形成了夥伴關係時，得到提升。無論如何，欣然地接受家庭，並與他們以夥伴關係共同合作的情形，並非是自動發生的。它需要事先的計畫，採取謹慎的步驟去實現夥伴關係，唯有如此，小小孩才能有最好的機會去經驗與享受故事。

From Lullabies to Literature

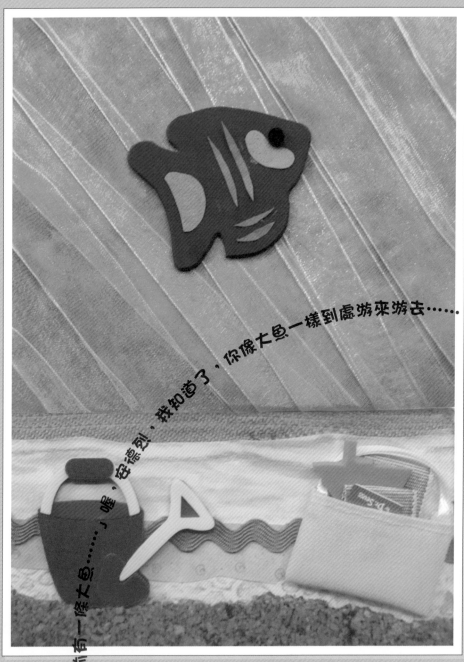

「從前有一條大魚……」「喔，安德烈，我知道了，你像大魚一樣到處游來游去……」

8 故事帶給孩子的禮物

我們帶給小小孩的禮物

> 故事是我們如何傳達事實、洞察力與承諾的方式。
> —— 吉姆·葛林門（Jim Greenman），《交換每一天》

孩子如果能在談話、遊戲，以及故事都是屬於每天生活經驗中一部分的托育中心裡受照顧，那將會非常幸運。這些中心裡的照顧者無法想像當他們照顧嬰兒與學步兒時，如何能夠不與他們說話、唱歌、講述與聆聽他們的故事，並且與他們共同分享故事。他們牢記在心的是貝蒂·巴黛琪與瑪麗蓮·賽格爾的主張：「當孩子還小時，我們帶給他們的故事，將是永久的禮物。」（Bardige & Segal, 2005）像這樣的成人，本身是有技巧與熱情的故事參與者。此外，他們與孩子的家庭分享他們的熱情，與家庭以夥伴關係一起幫助他們所照顧的每一個孩子從經驗中受益……但是，並非所有的孩子都是這麼幸運。

作者們透過這本書，在之前的章節中已試圖將訊息傳達給兩種類型的照顧者，一種是與孩子分享故事，而另一種則不與孩子分享故事。如果你已經讓小小孩穩定並愉快地沉浸在故事的經驗裡，我們希望這本書能夠達到增強與鼓勵你所做的努力的效果。但是如果你將自己歸類為第二類型的照顧者，我們希望這本書能成功地說服你，故事所帶來的禮物能夠大大地提升任何幼教的課程。

孩子對於故事所產生的快樂與興趣非常強而有力。小嬰兒努力嘗試發出咕咕聲，回應照顧者所說的話，進而影響到成人對孩子說更多話，然後一種神奇的互動或許因此展開，成人與孩子都投入在相互發聲的互動中。這或許刺激了照顧者將嬰兒抱入手臂中，延長與加強了他們的情感連結。同樣地，當學步兒

的照顧者與學步兒玩一個膝上遊戲，或朗讀一個他們所喜愛的故事，而引起學步兒露齒微笑時，將帶給成人與孩子強大而正向的影響。我們希望與嬰兒和學步兒分享故事的經驗能夠引起他們的崇拜、感興趣與投入的反應，這些反應會讓我們渴望與他們分享更多的故事。當我們與孩子分享更多時，我們越能夠分辨出幼兒所表達出的熱情，他們正給了我們許多有關他們想要與需要什麼的線索。

🌱 重新複習故事的三種好處

　　如同我們在第一章中所承諾的，當這本書談到有關與嬰兒和學步兒分享故事的樂趣與好處時，非常慎重地使用「故事」這個術語，我們將它延伸涵

當我們分享故事時需考慮的問題

　　當我們考慮與小小孩所分享的故事經驗是否適當時，需確保能達成以下幾點：

1. 故事符合孩子的年齡與興趣嗎？
2. 故事支持了課程的態度與價值嗎？
3. 故事在文化意義方面適當嗎？
4. 故事不具有刻板印象嗎？
5. 我們自己對故事非常熟悉嗎？
6. 我們已經想好如何將它介紹給孩子嗎？
7. 我們有足夠的時間讓孩子問問題與滿足他們的好奇心嗎？
8. 它與你課程中的口述故事、語言遊戲，以及書籍間互動平衡嗎？
9. 這個經驗對於我們所照顧的每個孩子都達到了良好的效果，包括了那些有特殊需要的孩子（如聽障或視障的孩子）嗎？

蓋了孩子頭三年與成人間的許多不同的口頭溝通。孩子每天與口頭有關的經驗來自於故事，也來自於許多的童謠、民謠與童詩。無疑地，許多書中的故事能夠成為說故事的靈感與提示。就「說故事經驗」而言，我們也試圖去把握早期的語言經驗，這能為比較傳統的故事參與活動做準備，例如：製造聲音、聆聽聲音、回應聲音、歌曲，以及口語的經驗（如：押韻、背誦），還有臉部、大腿、膝上的遊戲。

當以上所有的經驗從孩子出生後終其一生都以穩定但非常深入的方式發生時，結果最令人滿意並且最能使孩子受惠。雖然與小小孩分享故事帶來了數不盡的好處，其中有三種特別的好處，引導了這整本書的討論。就在這最後一章重新探討這些好處時，我們邀請你仔細地思量，你學到了哪些有關故事分享的方法，這些方法如何能與你自己的課程，以及你所照顧的孩子產生關聯性。

故事豐富與擴展孩子的生活

故事經驗可以擴展孩子對於自己生活周遭世界的知識。當故事證實了孩子每天在家中及托育課程中所經歷的各種經驗時，故事能將語言的結構、節奏、押韻，以及語言之美介紹給孩子。故事能鼓勵孩子運用自己的想像力，去咯咯笑、大笑，以及問問題。故事能幫助孩子了解他們自己是世界的一部分，在其中，其他人像他們一樣面臨每天的挑戰。故事也能將與孩子不同的生活展示給他們看，讓他們了解在遙遠的地方與時代中，有些人做了與經歷了一些他們感到新奇與不熟悉的事情。

當我們要計畫及提供豐富的故事經驗給孩子時，首先需認同小小孩是「已發展的個體」（being），也是「正在發展的個體」（becoming）。換句話說，現在與未來發生在孩子身上的事，對他們來說都同等重要。我們與孩子說話、玩語言遊戲、吟誦童謠，以及說故事、念故事給孩子聽，不僅是因為我們想讓孩子為「未來的」學習先做好準備（雖然很慶幸地，這也是其中的好處之一）；也是因為我們知道藉由幫助孩子去學習、熱愛語言與享受快樂的語言時光，這些經驗能夠豐富孩子目前的生活。

我們為小小孩選擇最令人愉快、感興趣的故事，因為這些故事最可能提供給孩子有趣的洞察力、資訊與觀點，並且在過程中讓孩子感到滿足。此外，為了相同的理由，我們也選擇最佳與最美麗的書。為了完善以上所述，我們必須對每個孩子的特殊情況有所了解，而這是根據我們對於不同年紀與發展階段的孩子，應該具有什麼典型的期待，以及察覺到孩子極大的個別差異所做的調整而來的。

故事強化孩子間的關係

　　嬰兒與學步兒正處於他們自我認同發展的早期，並且是關鍵時期，幼兒從與他們生活中重要成人的關係中發現：「我是誰？我是一個有價值的人嗎？我與人相處融洽嗎？我討人喜歡嗎？」幼兒從自己與生活中重要成人的關係中，找到這些問題的答案。當照顧他們的成人具有責任感與愛時，孩子學習去相信世界是一個可以去探索的安全地方，也相信自己是討人喜歡且有能力的人。故事對於孩子與成人間建立的令人興奮、愉快，以及強烈情感的連結是無價的，這些有助於學習、健康的依附關係，以及發展。

　　故事透過所有的人際關係，交織在溝通與關聯性方面生氣蓬勃的思路。故事教導孩子，在他們的家庭與社區中，他們是誰以及他們從哪裡來。故事也能讓孩子知道他們是「人類家庭」的成員，以及我們所感受到的情感變化，從感到壓力到喜樂的，範圍都一樣。同儕間的故事能將孩子一起帶入一個彼此愉快的經驗中，就如同給他們一些共同的經驗，讓他們將之結合到遊戲與談話中。

　　故事也能反映與支持融合的價值觀。每個孩子都需要在故事中發現自己，並在故事中反映出他們的重要關係。融合的取向是優良的分享故事的方法中，一個必要的成分。這或許代表了必須製作一些包含孩子母語的書；當孩子說自己的母語時，我們需給予鼓勵；書中需包含了看起來與孩子本身相似的形象；以及我們需製造調和的氣氛，以確保孩子全然參與在故事經驗中。此外，我們也必須將孩子的家庭文化與社區中的相關故事，帶入我們的課程中。透過故事的經驗，孩子能夠去探索，並被教養成能夠欣賞與尊重存在於人與人之間的不同與相似處。

故事不僅提升成人與孩子間的照顧關係，也是一種鍛鍊照顧者與家庭夥伴關係的有力工具。孩子最有效的學習來自於他們的家庭，並且反映出他們的家庭生活，所以與孩子的家庭建立夥伴關係應是我們照顧孩子的中心目標。這代表了我們需尊重每個家庭的價值觀與信念、故事，以及他們與孩子分享故事的方法。這也代表了幫助孩子能夠在家庭與課程間順利地轉換。當家庭與照顧者建立起信賴的關係，以及交換有關孩子的資源與訊息時，每個人都會受惠。故事將孩子與成人聚集在一

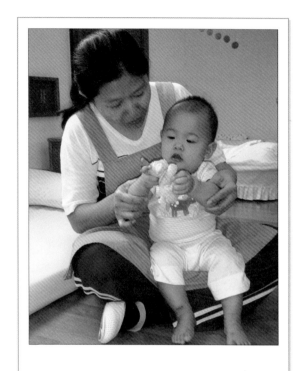

❖ 嬰兒透過早期的聆聽、觀看與發聲經驗來學習語言。 （照片提供：耕心托兒所）

起，並且幫助我們鍛鍊彼此間的結合力，以保持這些連結。

故事支持孩子啟蒙的讀寫技巧

孩子從出生漸漸地變得具有讀寫能力。我們所有的策略都在刺激、支持與回應嬰兒和學步兒的語言發展，並且如同傾聽者、觀察者、聲音製造者、歌者與說話者般地參與。簡而言之，所有的策略都是為了培養孩子對於故事的喜愛，也為了發展他們啟蒙的讀寫技巧。嬰兒與學步兒正在發展（且已經發展了部分的）讀寫能力。首先他們透過非常早期的聆聽、觀看與發聲經驗，然後透過與他們每天生活中所遭遇的說故事、書本，與環境中的文字經驗來學習。

孩子從有意義的自發性與計畫性的故事經驗中，學到了專注的聆聽、適當地拿取書籍，以及印刷品的常規，這些都是有價值的技巧與課程。字彙、理解力與背景知識也是透過明智地運用故事所培養出來的。孩子在進入小學前，未來是否能成為有能力的講解者、聆聽者、讀者與作者的能力基礎已經（或沒有）被建立起來（Parlakian, 2003）。當我們支持孩子天生對故事的喜愛時，我們也培育了孩子對於學習的重要性格，包括了好奇、熱情、投入、學習的渴望，以及有趣與愉快的感覺。

讀寫能力如同社會公義

　　來自於弱勢家庭（如貧窮家庭）的孩子，如果擁有讀寫能力，特別是社會主流的語言，較能確保孩子有一個好的未來。如同前聯合國祕書長安南（Kofi Annan）在一九九七年九月八日的國際讀寫能力節（International Literacy Day）中所聲明的：「讀寫能力是從不幸福通往希望的橋梁，它是現今社會中每天生活的工具。它是一個抵擋貧窮的壁壘，以及發展的砌塊。」

　　因為故事經驗對於孩子發展中的讀寫能力貢獻良多，所以接受優良的故事經驗的機會是與社會公平與正義攸關的事（Feeney & Moravcik, 2005; Volk & Long, 2005; Cachevki-Williams & Cooney, 2006）。我們需在課程中提供這樣的經驗，這是我們首要的責任。我們也應讓孩子的家人了解，在他們的社區中，可能有哪些針對三歲以下孩子的故事資源。令人驚訝的是，許多成人並未發現有許多的資源可供利用，例如：公共圖書館中極佳的資源，也或許是他們並不了解圖書館中有許多資源是專為嬰兒與學步兒提供的。

　　猶如讀寫專家瑪莉・賈隆格所提醒的：「文學所帶來的愉快與滿足，不應該是少數人的特權。每個孩子都有資格擁有令人難忘的書所帶來的有意義的經驗。」（Jalongo, 2004: 10）建立家庭與幼教課程間的夥伴關係，可以使資源分配不均問題朝向平衡跨前一大步。

　　當我們提供給幼兒許多故事時，故事經驗的品質與價值，取決於我們如何
以及為何分享故事，這就跟我們分享了什麼故事一樣重要。當我們示範閱讀、
寫作、說話與聆聽時，我們有效地影響也引導了孩子的行為。一個幼教課程所
能做的最有價值的事，就是引起幼兒們的動機，去作為以及成為聆聽者、說話
者、讀者與作者。如同兒童繪本作家梅‧福克斯所提醒的，所有孩子讀寫能力
的學習與發展，仰賴與成人間牢固的關係：

　　孩子對於讀寫能力的熱情，是由孩子、書本與朗讀者之間所激起的情
　　感火花而引起的。它不是單獨由書本，也不是單獨由孩子，更不是單
　　獨由朗讀的成人所達成的。它是由這三者間自在與協力的關係所達成
　　的。（Fox, 2001: 10）

❖ 孩子從有意義的自發性與計畫性活動中得到了故事經
　驗。　　　　　　　　　　　　　（照片提供：耕心托兒所）

結語

> 故事所能貢獻
> 的對象不是只
> 有孩子。

　　故事所能貢獻的對象不是只有孩子。吉姆・葛林門（Greenman, 2008）曾強而有力地寫下故事在幼兒課程中的貢獻：

> 我們透過故事分享我們的生命：每天所發生的事件、掙扎、暴行、希望、痛苦、快樂、不幸、滿足、失敗，以及成功。透過說故事，我們尋求確認，並試著發現共同點。故事能促進正向與負向的文化特性：融合性或排他性、革新或守舊、善意或懷疑，以及私藏或分享……

　　雖然我們藉由與孩子分享故事，幫助他們變得有能力；但是我們在孩子生命的早期中使用故事，主要原因是為了添加愉快與意義到每個孩子、每個與孩子分享故事的成人，以及課程中的孩子的團體生活裡。

　　收到故事作為禮物的孩子，從生命早期就開始學會喜愛故事，並且享受因之而來的無窮好處；他們已經接收到了一個終生的禮物，這份禮物能夠為他們目前的生活提供快樂，也能為他們未來的生活提供無限的可能性，這是我們所能帶給他們最好的禮物。

出生到三歲的發展里程碑

孩子……	故事分享的應用方法
出生到四個月——透過聆聽與注視和別人產生連結與溝通	
注視成人的眼睛。與其他形狀或形體相比，比較喜歡看人的臉。	利用常態活動（如：洗澡時間）與孩子進行一些溫和的對話，那麼你的聲音與臉上的表情會傳遞出你很喜歡與他在一起。
出生時的視覺發展尚未成熟，聚焦的距離只有 23 到 25 公分左右。三個月大時，視覺上能追蹤一個移動的物體。會研究放在他視線範圍內的物體。	將嬰兒抱近我們；將物體拿著靠近嬰兒。將書中的一張圖畫或清楚的照片展示給嬰兒看。
對於設計與背景間有明顯對比的形態，會特別注意，例如：色彩鮮豔的，或黑白對比的設計。	書應該在對比的背景上，表現出簡單、誇大的設計風格（簡單的硬頁書中，有大膽、對比鮮明的插畫或圖案）。
透過聲音與反射動作，例如：哭泣與扭動來溝通；三個月大時，會發出咕咕的叫聲。	對於嬰兒為溝通所做的努力，可藉由適當地回應，來表現出對嬰兒的了解與鼓勵。例如安慰地說：「我想你餓了，該是餵你的時間了。」
對於高音、高低起伏的音調會有所反應。	人的聲音比書籍更為重要。這個年齡層的孩子特別喜愛童謠與兒歌。當你分享書籍、唱兒歌或童謠時，運用你的聲音讓孩子保持聆聽。
特別注意主要照顧者的聲音，會將頭轉向他所熟悉的聲音。	主要照顧者是與嬰兒分享對話、兒歌，以及童謠的最佳人選。

孩子……	故事分享的應用方法
開始會向周遭熟悉的成人微笑與大笑。	運用說話與臉部表情，強化嬰兒這些為早期非語言溝通所做的努力，例如：當我們一面對他微笑時，一面說：「好棒，你今天看來很高興。」
主動聆聽周遭所有的聲音，特別是直接對他說的話。	運用「孩子導向的說話方式」（child-directed speech）：提高音調、變化不同的音調、長時間的停頓，以及誇張地強調音節。 故事的內容並不十分重要，主要是我們的聲音與音調吸引住孩子的注意力。
出生時，當俯臥時只能將頭短暫地略微抬起；三個月大時，能將頭保持抬起來一陣子。 三個月大時，可以被直立地抱著，站在成人的大腿上，頭部不會搖晃。	在孩子的前面，或是沿著嬰兒床邊，握著或是放置一本打開的書（假如他是俯臥著），但是不要過度刺激嬰兒，以免他被過度刺激時，卻無法轉開。
能用手掌抓握東西；三個月大時，會將東西放入嘴中進行探索。	提供容易清理、耐用的硬頁書。
四個月到八個月——全神貫注，以及進行聲音、互動，與動作的實驗	
八個月大時，更能控制自己注視的能力，所做的觀察也更為敏銳，並且發展出完整的色彩視覺，以及成熟的距離視覺。	以言詞指出與歸類任何吸引孩子注視的東西。分享具有簡單顏色的圖畫或照片。
孩子在所發出的母音聲中，加入了子音聲。七個月大時，會模糊不清地發出一系列的子音，例如：「爹—爹—爹—爹。」	吟誦童謠與重複自己的兒語。當我們與孩子互動時，要說出東西的名稱，例如：「這是你的泰迪熊。」「看！一輛紅色卡車。」

孩子……	故事分享的應用方法
孩子喜愛利用機會以一種持續的方式與成人「談話」。開始了解談話是以一種輪流的方式進行。	聆聽與回應孩子的發聲與「說話」──孩子發出一聲，成人就回應一聲。 用微笑與說話，表現出你喜歡這些談話，例如：「喔，你今天想和我說話！喔，我也想和你說話。」
持續對熟悉的人感興趣，並且喜愛與他們在一起。	分享簡單的書，例如：概念類書籍，不時地分享親密與溫暖的互動。
開始模仿成人的臉部表情、姿勢與身體動作。	模仿孩子的表情，並表現出我們對於他們的模仿力感到讚賞。玩一些像是躲貓貓的遊戲。 抱著孩子，讓他在和我們分享故事、歌曲或是書籍時，能夠看到我們的臉或是書。
孩子將一個月或更久以前所學的聲音，詳細地闡述出來。他們或許會以顫音，與一個音節的驚嘆詞的形式表現出來。製造不同種類的聲音與音調，例如：大聲、輕聲、高聲、低聲。	重複聲音作為回應，並且觀察孩子如何模仿我們的聲音或臉部表情。 唱歌與吟唱歌謠；玩簡單的臉部遊戲，例如：一面玩「在花園裡兜圈圈」（Round and round the garden），一面在孩子的下巴處呵癢。
六到七個月，可以在沒有支撐的情形下坐著。手可以自由抓取與握住東西。仍然將每種東西往嘴裡放；開始猛扔與搖動東西。	使用可以抓握與可以清洗的布書和塑膠書。
八個月大時，喜歡丟扔與拋東西；能夠以更多的技巧操縱東西，去檢查與操作它們。	提供經久耐用、厚實的硬頁書讓孩子去探索。當與嬰兒分享書籍時，示範如何翻頁，並且幫忙孩子照著做。
八個月大時，或許會開始緩慢爬行；更喜歡到處爬動，然後坐起來檢查東西。	將硬頁書放在孩子能夠拿到的位置。

孩子……	故事分享的應用方法
八個月到十二個月大的孩子——能夠記住一些人事物，並且主動探索	
了解成人所說的許多「接收性的言詞」（receptive speech），所以口頭的互動可能會變得較為複雜。孩子自己仍然無法使用許多「表達性的言詞」（expressive speech）。	分享一些簡單的故事，或是說孩子所熟悉的一些事件、人與動物。例如藉由說：「爸爸來了」，引起孩子朝門的方向看。提供一些大而清楚的圖畫，並與孩子談談圖畫。例如：「看！那是一隻大象。牠非常大，比你爸爸還要大！」
仍然牙牙學語，但是聲音開始有了音調與「真實」說話方式的變化，模仿他所聽到的談話。	持續地發出聲音，作為對於孩子牙牙學語的回應。用童謠、語言遊戲，以及兒歌遊戲來增強孩子對於製造聲音的興趣。
不但用聲音，也用行動進行溝通（如：指出、點頭、眼神交會）。	當分享故事與說話時，表情豐富。使用臉部、手部與身體動作，幫助傳遞你話中的意思。
十二個月大時，能正確地看著被命名的圖案（如：「熊熊在哪裡？」）；當聽到談話中提到自己的名字時，會轉頭注意。	書的內容變得很重要。分享簡單的書籍並且指出其中的圖畫，也鼓勵孩子指出書中的圖畫。在所說的故事中，使用孩子的名字。
十二個月左右，開始會使用一些可辨認的字（如：「不」與「媽媽」）。所發出的聲音很多種，並且經常很大聲。	用孩子可以說的來分享故事。使用一種表達性豐富的聲音來談話、說故事與朗讀。
十二個月左右，開始表現出一些想像的遊戲行為（如：「餵」一隻泰迪熊）。或許會將圖案當作真實的一樣，做出一些反應，例如：看著一幅畫有食物的圖畫時，會呷呷嘴唇；拍打一幅畫有一隻貓的圖畫。	將些微的幻想與想像力放入我們的故事中，例如：「泰迪熊說他非常餓！你覺得他想嘗一些積木嗎？不！那麼一些薄脆餅乾呢？給你，泰迪，這些點心好吃嗎？」

孩子……	故事分享的應用方法
或許會開始尋找藏在視線外的東西。會記得尋找喜愛的書與我們分享。	玩躲貓貓遊戲；介紹簡單、耐用的翻翻書；問一些問題，例如：「在這片紙片下，會有什麼東西呢？」或是「誰藏在這下面呢？」
能從許多不同的語言複製出聲音。逐漸能分辨出那些在他的母語與文化中所使用的聲音。	盡可能地支持孩子的母語發展，以及其他的語言經驗，像是在故事中，使用孩子的母語。
控制手部與手指移動的能力增加，但協調的能力仍不熟練。	提供孩子硬頁書，以方便其翻閱；對孩子來說，提供一般紙張的書籍還太早了。
活動的能力增加。會爬行，並且進入早期的走路階段。 隨手攜帶東西到處走動；或許會拿給你一本書，想表達的意思是：「念給我聽」。	提供可以讓孩子自由探索的故事空間。當孩子表現出對書有興趣時，坐下來與其一起分享書籍。
十二個月到十八個月──模仿與探索	
具有較好的記憶力。能分辨熟悉的語言、聲音與物體。能夠記住在故事中重複聽見的語言，以及其他的語言經驗。所能了解的字彙數量急遽增加。	分享故事時，運用孩子可能會重複的疊句或片語。 當孩子指出或（稍後）問起：「那是什麼？」時，為物體命名。與孩子分享將熟悉的物體歸類命名的書籍，或是有重複故事情節的書（如：故事中的角色吃東西、穿衣服、睡覺……）。
從每天可靠的生活常規中，發現重複性與可預測性。當孩子每次聽故事時，都希望從中得到不同的意義。	回應孩子請你不斷地重複朗讀，或說一些熟悉的故事的請求。分享一些包含了熟悉事件、物品與角色的故事。
以聲音（包括說話）與姿勢回應問題。	分享一些其中包含孩子能夠回應的問題的書，例如：梅·福克斯所著的《綠色的羊兒在哪裡？》（*Where Is the Green Sheep?*）。

孩子……	故事分享的應用方法
十六個月大時，或許會將許多沒有意義的聲音、音調與速度串連在一起，聽起來像是句子一樣。 十八個月大時，或許能夠正確地用一些個別的單字，以及開始說一些簡單的、兩個字的句子。	回應孩子的談話，以及其他試著溝通的企圖，例如：以「好的，大衛，你想要騎那輛馬車嗎？」來回應孩子一面指著馬車，一面說「我走，我走，那」的行為。 讓孩子有充分的時間回應我們的談話。
孩子為了讓運動技巧變得熟練，或者全然為了興趣，會反覆練習；喜歡重複所熟悉的成人的行為（如：閱讀書籍）。	當我們分享童謠、兒歌或童詩時，鼓勵孩子做一些活動或動作。提供一些耐用的書籍讓孩子獨立使用，當孩子獨立使用書籍時，會企圖利用說話聲，使其聽起來好像在發出讀書聲一樣。
或許已經能夠走路；對於身體的機動性越來越著迷，並藉由開一些會動的玩具車等，去探索自己周遭的環境。	分享故事的活動不一定總能吸引住忙碌的學步兒與探索者。唱歌、吟誦童謠或童詩，再搭配許多動作，可以吸引正在活動的孩子加入。當孩子慢下來準備加入時，再分享故事。
當孩子身體的機動性增加時，或許會對於運動自己的全身，表現出極度的愉快與興趣。 十八個月大時，比較喜歡坐在成人的大腿上閱讀，並且以言詞表現出對於閱讀的投入。	鼓勵孩子從事與故事相當的活動，包括拍手、跳躍、示範操作的動作，與其他身體方面的參與活動。 當你朗讀書的文本時，給孩子拿著書籍的機會。
十八個月到二歲──表現自我、了解意義、探索	
當孩子視覺敏銳度增進時，便能欣賞越來越多複雜的影像。	為孩子介紹富有非常多細節的繪本或其他影像。允許孩子有充分的時間仔細檢視它們。

孩子……	*故事分享的應用方法*
以各種不同的方式，表現出了解別人對他說的許多話，例如：能夠藉由指出書籍中所描述的東西來回答問題。	分享書籍與說故事，內容應包含孩子每天所能看到，並且指出或命名的東西。
對於每天所發生的事件，表現出深切的興趣。	使用一些孩子完成了一些熟悉的任務的故事（如：用杯子喝水、自己進食、穿與脫衣服）。將孩子的名字用在故事、兒歌或簡單的童謠裡，並將這些故事與他們的經驗相連結。
兩歲時，喜歡問問題，有時會不斷地重複，例如：「那是什麼……那是什麼？」	分享一些其中包含簡單問題的故事，像是可預期的，例如：「誰藏在那裡？」當朗讀故事時，問一些自己所準備的問題，例如：「小狗狗回家了嗎？」
當孩子的字彙能力成長時，會成為一位說話比較有效率的人，能夠說出許多東西與熟悉的人的名字。	與孩子分享書籍和說故事，內容包括了孩子每天會指出或命名的東西。
模仿成人說話與用字的表達方式（如：「哎喲」、「不」）。	分享故事或其他口頭語言經驗時，應表情豐富。
兩歲時，會使用詞組與簡單的句子（如：「爸爸車子裡」、「我的書」、「不午睡」）。	持續讓孩子有足夠的時間說話，以及表達他的需要。表現出了解孩子對溝通所做的努力，並且示範成熟的表現形式，例如：「是的，爸爸進入了他的車子裡。」
兩歲時，對性別與認同產生興趣。	分享有關學步兒的故事。確定故事以男孩或女孩作為主角的情形能取得一種平衡，並且避免角色予人刻板印象的情形。

孩子……	故事分享的應用方法
進行較複雜，伴隨著一些填充動物玩具、玩具汽車、洋娃娃的扮演遊戲。或許會利用一些東西，即興創作一些想像的遊戲。例如：一面在地板上將一塊積木到處移動，一面製造出像汽車所發出來的聲響。	介紹具有幻想成分、更複雜的故事給孩子，例如：約翰‧伯寧罕的《古怪先生的汽車》（ *Mr. Gumpy's Motor Car* ）。
開始畫一些記號或是塗鴉的畫，作為開始以非口語的方式溝通的嘗試。	每天提供孩子機會畫畫、著色，以及塗鴉。
了解標誌、符號與影像能夠傳達一些訊息，或是說故事，例如：當孩子手一面畫一面揮舞大圓圈的動作，一面說：「那媽咪。」	如果孩子出示他所畫的作品，可以記錄下他對作品的註解（不要強迫持續地問孩子：「你畫了什麼？」）。允許孩子自發性地表達意見。
當孩子畫畫或塗顏料時，或許會喜歡重複地做一些大動作。	當孩子在畫畫或塗鴉時，使用童謠，例如：「鉛筆畫圖，畫圈圈，它停在哪裡，沒人知道。」
孩子逐漸會去思考與記憶，而能夠解決問題、回憶事件、提出請求，以及理解事情。	介紹一些複雜的故事，其中的角色與情節是有關解決兩難情境的故事。邀請孩子選出想閱讀的書。
兩歲時，孩子通常能根據他們文化閱讀或讀寫能力的傳統，了解書籍與閱讀如何起作用，例如：從前面到後面，從左邊到右邊等等。	提供堅固耐用的書籍給孩子操作；為孩子示範拿書的方法與閱讀的常規。以其他的語言介紹一些（特別是孩子所熟悉的）故事給他們。
二歲到三歲 ── 在語言方面變得具有創造力	
喜愛幽默（特別是對胡鬧與不協調）與開玩笑的能力增加。	分享富有趣味性主題或事件的故事。說一些簡單的笑話，也可以是一些故事。

孩子……	故事分享的應用方法
三歲時，能談論感覺，例如評論一幅畫：「那個男孩很傷心，因為他在哭。」對於「好／壞」的行為，特別感興趣。	幫助孩子發現繪本中所表達的簡單感覺，當分享故事時，問一些簡單的、有關感覺的問題，例如：「小鳥覺得高興或悲傷？」提供一些故事角色做出錯誤行為的故事給孩子聽。
對於與人交流溝通比較有信心。將文字、片語與姿勢，和其他動作相結合使用的情形增加。	分享故事時，伴隨著身體的動作，與行動語言的遊戲。
以原始與創意的方式使用語言，例如：孩子可能不說「蚊子咬」，而說「咬蚊子」。	記錄孩子的創意語言，當作是其逐漸理解語言如何產生作用的徵象。
能夠做比較；能夠正確地使用概念，例如：「大／小」、「裡／外」。會對一些問題，例如：「這隻大象是大的或小的？」有所回應。喜歡將事物分類。	依照情形，使用概念類的書籍，以延伸有關圖畫裡物品的談話。分享資訊類的書籍，以提供一些證據給對世界越來越好奇與了解的孩子。
三歲時，會反覆地要求聽自己所喜愛的故事。會唱一些簡單、自己所喜愛的歌曲，並且會要求成人唱這些歌曲。	鼓勵孩子發現一些喜愛的故事與歌曲。
具有優秀的幻想能力；幻想的遊戲變得更複雜而持久。	支持孩子為說故事以及表演簡單的故事所做的努力。記錄這些說故事的情形，當作重要的發展成就。 鼓勵較大的孩子與同儕分享他所喜愛的故事或提供一些道具（如：小玩偶、大型的法蘭絨說故事配備，以及扮演的材料）。

孩子……	故事分享的應用方法
由於生活經驗與理解能力的增加,會被範圍更廣的故事所吸引。	分享孩子曾表現過對其有興趣的一些故事。故事的內容涵蓋範圍可以較廣,包括了一些不熟悉的地方、事件,以及人物／角色。
三歲時,了解圖畫與文字是真實物體的象徵。	與孩子一起閱讀和討論各類書籍,以及其他以文字和圖畫所代表的事物。提供孩子機會去「寫」故事。
孩子深切地受到自己的經驗與人際關係所影響。他們所能使用的文字成指數性地增加。	鼓勵孩子口述故事,然後由我們將其寫下來。鼓勵孩子想想在他們所熟悉的歌曲或童謠中,可以套用哪些新字,例如:「王老先生有塊地,他在田裡……什麼?」
三歲時,孩子喜歡說有關自己的故事,或是有關玩具、所認識的人或事物的想像故事。這些故事或許會有一個主角、一個簡單的程序,以及表現出情感的反應(如:「我的小狗不能跑,我的小狗生病了,可憐的小狗」)。	讚賞孩子的說故事技巧,並且透過問題將故事延伸,進而支持這些技巧;或是透過我們的評論去豐富孩子的語言,例如:「你會把你生病的小狗帶去哪裡?」或是「是的,狗醫生是一個好點子,我們稱他們為獸醫」。

資料來源:此表延伸自 Schickedanz (1999) 以及 Blakemore & Ramirez (2006)。並參考以下資源:Bredekamp & Copple (1997);Pruitt (2000);Albrecht & Miller (2001);Jalongo (2004);Shelov (2004);Puckett & Black (2007)。

B 為嬰兒與學步兒推薦的好書

　　以下的書單僅代表了目前專為嬰兒與學步兒出版的眾多好書中的一小部分。其中包含了一些自二十世紀即出版至今的經典作品。這些書大都來自於澳洲、英國，以及美國，在一些較大的書店中很容易找到。這些書大部分都有精裝、平裝，以及硬頁書的版本。有些作者同時有幾件作品都被列在書單上，但他們或許還有更多適合小小讀者的出版品，可以在書店或圖書館找到，以作為資源。

　　我們從網際網路上，也可以發現許多被推薦的童書清單。特別是一些投資在幼兒的學習與發展上的非營利團體，經常會列出一些類似的書單，以幫助老師與家庭選擇適合的書，像是「閱讀火箭」（Reading Rockets）（http：//www.readingrockets.org/）、「書群」（Book'Em）（http：//www.bookem-kids.org/），以及「童書」（Books for Kids）（http：//www.booksforkidsfoundation.org），針對與孩子分享書籍提供了一些優良的資源。

　　以下書單所列的範圍，包含從非常簡單，一字的概念類書籍，到複雜的故事書。有些可能被認為適合較大孩子的書，如果一些經驗豐富照顧者與家長發現它們也頗受小小孩喜愛的話，那麼我們也會將這些書包含在內。

Ahlberg, Janet, & Allan Ahlberg. *Peepo!*

Allen, Pamela. *Mr. McGee* series
　　My first 1, 2, 3

Baby Love series. *I like my soft teddy bear*
　　I can smile at you
　　I feel soft and smooth

Berenstain, Stan, & Jan Berenstain. *Berenstain Bears and the spooky old tree*

Blackstone, Stella. *Bear in a square*

Bodsworth, Nan. *A nice walk in the jungle*

Bowie, C.W. *Busy toes*
 Busy fingers

Bradman, Tony, & Clive Scruton. *A goodnight kind of feeling*

Brown, Margaret Wise. *Goodnight moon*
 The noisy book
 The runaway bunny

Bunting, Eve. *Flower garden*

Burke, Tina. *Sophie's big bed*

Burningham, John. *Mr. Gumpy's motor car*
 Mr. Gumpy's outing

Butler, John. *Can you cuddle like a koala?*
 Hush, little ones
 While you were sleeping
 Who says woof?

Campbell, Rod. *Dear zoo*
 Noisy farm

Carle, Eric. *Does a kangaroo have a mother, too?*
 From head to toe
 My Very First series
 The grouchy ladybug
 The very hungry caterpillar
 The very lonely firefly

Cauley, Lorinda Bryan. *Clap your hands*

Chocolate, Deborah Newton. *On the day I was born*

Cooke, Trish. *Full, full, full of love*

Cowell, Cresida. *What shall we do with the boo-hoo baby?*

Cowen-Fletcher, Jane. *Mama zooms*

Dodd, Lynley. *Hairy MacLary* series

Eck, Kristin. *Colores en mi casa* (*Colors in my house*)
 Opuestos en mi casa (*Opposites in my house*)

Ehlert, Lois. *Color farm*

Falconer, Ian. *Olivia's opposites*

Falwell, Cathryn. *Feast for 10*

Fox, Mem. *Hattie and the fox*
 Possum magic
 Time for bed
 Whoever you are

Fox, Mem, & Judy Horacek. *Where is the green sheep?*

Fuge, Charles. *My dad!*

Gleeson, Libby. *Cuddle time*

Graham, Bob. *Dimity Dumpty: The story of Humpty's little sister*

Gravett, Emily. *Monkey and me*

Gray, Kes. *My mum goes to work*

Hatkoff, Isabella, Craig Hatkoff, & Paula Kahumbu. *Owen and Mzee: The true story of a remarkable friendship*

Hayes, Sarah. *Eat up, Gemma*

Hest, Amy. *Kiss good night*

Hill, Eric. *Spot* series

Hindley, Judy. *The big red bus*

Hoban, Russell. *Frances* series

Hoban, Tana. *Black on white*
White on black

Holub, Joan. *My first book of sign language*

Hutchins, Pat. *Changes, changes*
Tidy Titch

Inkpen, Mick. *Is it bedtime Wibbly Pig?*

Joosse, Barbara. *Mama, do you love me?*

Katz, Karen. *Counting kisses*
Toes, ears, & nose!
Where is baby's belly button?

Keats, Ezra Jack. *The snowy day*

Kubler, Annie. *Sign and sing along: Twinkle, twinkle, little star*

Lehman, Barbara. *The red book* [wordless picture book]

Lewis, Anthony. *Meal time*

Lewis, Kevin. *Chugga chugga choo choo*

Lionni, Leo. *Let's play*

Lodge, Jo. *My little case of jungle animals*

Lofts, Pamela. *Dunbi the owl*
How the birds got their colours
How the kangaroos got their tails

Long, Sylvia. *Hush little baby*

Mackintosh, David. *Same as me*

Martin, Bill, Jr. *Brown bear, brown bear, what do you see?*
　　Chicka chicka boom boom
　　Panda bar, panda bear, what do you see?
　　Polar bear, polar bear, what do you hear?

Masurel, Claire. *Two homes*

McCloskey, Robert. *Blueberries for Sal*
　　Make way for ducklings

McCully, Emily Arnold. *Picnic*

McDonnell, Flora. *Splash!*

Merberg, Julie, & Suzanne Rober. *A magical day with Matisse*
　　A picnic with Monet
　　Dancing with Degas
　　Sharing with Renoir

Miller, Virginia. *Eat your dinner!*
　　Get into bed! A story about going to sleep
　　On your potty!

Morris, Ann. *Bread, bread, bread*

Munsch, Robert. *Love you forever*

Niland, Deborah. *Let's play!*
　　When I was a baby

Norling, Beth. *Little brothers are . . .*
　　Little sisters are . . .

Oborne, Martine. *One gorgeous baby*

Ormerod, Jan. *Dad's back*
　　Messy baby

Oxenbury, Helen. *All fall down*
　　Clap hands
　　Say goodnight
　　Shopping
　　Tickle, tickle

Parr, Todd. *The daddy book*
　　The family book
　　The mommy book
　　The peace book

Penn, Audrey. *The kissing hand*

Pienkowski, Jan. *Colours*

Pinkney, Andrea, & Brian Pinkney. *I smell honey*

Piper, Watty. *The little engine that could*

Pitzer, Marjorie W. *I can, can you?*

Prater, John. *Again!*

Priddy, Roger. *Animals*

Prince, April Jones. *What do wheels do all day?*

Rabe, Berniece. *Where's Chimpy?*

Rathmann, Peggy. *Good night, gorilla*

Rotner, Shelley. *Lots of feelings*

Rowe, Jeanette. *Whose house?*
    Whose tail?
    Whose teeth?

Scott, Ann Herbert. *On mother's lap*

Sendak, Maurice. *Where the wild things are*

Seuss, Dr. *The cat in the hat*

Sheehan, Peter. *Plane, train, truck and trolley*

Sieveking, Anthea. *What color?*

Slobodkina, Esphyr. *Caps for sale*

Smee, Nicola. *Sleepyhead*

Stiegemeyer, Julie. *Cheep! Cheep!*

Swain, Gwenyth. *Bedtime*
    Carrying
    Celebrating
    Eating
    Wash up

Tildes, Phyllis Limbacher. *Baby animals black and white*

Venus, Pamela. *Let's feed the ducks*
    Let's go to bed
    Let's have fun

Waddell, Martin. *Owl babies*

Walton, Rick, & Paige Miglio. *So many bunnies: A bedtime ABC and counting book*

Wild, Margaret. *Chatterbox*
    Kiss kiss!
    Little Humpty
    Seven more sleeps
    The little crooked house

Wilkes, Angela. *My first word book*

Willems, Mo. *Knuffle bunny: A cautionary tale*

Williams, Sue. *I went walking*

Williams, Vera B. *"More more more," said the baby*
    Music, music for everyone

Wood, Audrey. *The napping house*
    Silly Sally

Yolen, Jane. *Off we go!*

Zelinsky, Paul O. *Knick-knack Paddywhack*
    The wheels on the bus

Ziefert, Harriet. *Beach party!*

Zolotow, Charlotte. *William's doll*

Albrecht, K., & L.G. Miller. 2001. *Infant and toddler development*. Beltsville, MD: Gryphon House.

Annan, K. 1997. *United Nations press release: Secretary-General stresses need for political will and resources to meet challenge of fight against illiteracy*. Online: http://www.un.org/News/Press/docs/1997/19970904.SGSM6316.html.

Anning, A., & A. Edwards. 2006. *Promoting children's learning from birth to five: Developing the new early childhood professional*. Berkshire, England: Open University Press.

Anstey, M., & G. Bull. 2000. *Reading the visual: Written and illustrated children's literature*. Sydney: Harcourt Australia.

Arbuthnot, M.H. 1947. *Children and books*. Chicago: Scott, Foresman and Co.

Armbruster, B., M. Lehr, & J. Osborn. 2003. *A child becomes a reader*. Portsmouth, NH: RMC Research Corporation. *earning*

Bardige, B.S., & M. Segal. 2005. *Building literacy with love*. Washington, DC: Zero to Three.

Barton, L.R., & H.E. Brophy-Herb. 2006. Developmental foundations for language and literacy from birth to three years. In *Learning to read the world: Language and literacy in the first three years*, eds. S.E. Rosenkoetter & J. Knapp-Philo, 15–60. Washington, DC: Zero to Three.

Blakemore, C., & C. Ramirez. 2006. *Baby read-aloud basics*. New York: American Management Association.

Bowman, B. 2004. Play in the multicultural world of children: Implications for adults. In *Children's play: The roots of reading*, eds. E. Zigler, D. Singer, & S.J. Bishop. Washington, DC: Zero to Three.

Bredekamp, S., & C. Copple, eds. 1997. *Developmentally appropriate practice in early childhood programs*. Rev. ed. Washington, DC: NAEYC.

Bronfenbrenner, U. 1979. *The ecology of human development*. Cambridge, MA: Harvard University Press.

Burns, M.S., P. Griffin, & C.E. Snow, eds. 1999. *Starting out right: A guide to promoting children's reading success*. Washington, DC: National Academy Press.

Butler, D. 1998. *Babies need books*. Portsmouth, NH: Heinemann.

Cachevki-Williams, K., & M. Cooney. 2006. Young children and social justice. *Young Children* 61 (2): 75–82.

Carter, M. 1994. Finding our voices—The power of telling stories. *Exchange Every Day* (July/August). Online: http://www.childcareexchange.com/eed/.

Centre for Community Child Health. 2004. Reading with young children. *Community Paediatric Review* 13 (1): 1–4.

Clay, M. 2001. *Change over time in children's literacy development*. Auckland, NZ: Heinemann.

Curenton, S. 2006. Oral storytelling: A cultural art that promotes school readiness. *Young Children* 61 (5): 78–89.

Duff, A. 1944. *Bequest of wings: A family's pleasure with books*. New York: Viking Press.

Dyson, A.H. 1994. "I'm gonna express myself": The politics of story in children's worlds. In *The need for story*, eds. A.H. Dyson & C. Genishi. Urbana, IL: National Council of Teachers of English.

Early Childhood Australia. 1999. *Position statements: Language and literacy*. Online: http://www.earlychildhoodaustralia.org.au/position_statements/language_and_literacy.html.

Erickson, K.A., D. Hatton, V. Roy, D.L. Fox, & D. Rennie. 2007. Literacy in early intervention for children with visual impairments: Insights from individual cases. *Journal of Visual Impairment & Blindness* 101 (2): 80–94.

Feeney, S., & E. Moravcik. 2005. Children's literature: A window to understanding self and others. *Young Children* 60 (5): 20–28.

Fox, M. 2001. *Reading Magic*. New York: Harcourt.

Gandini, L., & J. Goldhaber. 2001. *Two reflections about documentation, Bambini—the Italian approach to infant/toddler care*. New York: Teachers College Press.

Greenman, J. 2008. Growing organizational culture: The power of stories. *Exchange Every Day* (May/June). Online: http://www.childcareexchange.com/eed/.

Gregory, E., & C. Kenner. 2003. The out of schooling of literacy. In *Handbook of early literacy*, eds. N. Hall, J. Larson, & J. Marsh. New York: Guilford.

Hawley, T. 2000. *Starting smart: How early experiences affect brain development*. Washington, DC: Zero to Three, and Chicago, IL: The Ounce of Prevention Fund.

Huck, C., S. Hepler, J. Hickman, & B. Kiefer. 2000. *Children's literature in the elementary school*, 7th ed. In *Young children and picture books*, 2d ed., 2004, ed. M.J. Jalongo, 35. Washington, DC: NAEYC.

Jablon, J.R., A.L. Dombro, & M.L. Dichtelmiller. 2007. *The power of observation for birth through eight*. 2d ed. Washington, DC: Teaching Strategies, and Washington, DC: NAEYC.

Jalongo, M.J. 2004. *Young children and picture books*. 2d ed. Washington, DC: NAEYC.

Jones-Diaz, C., & N. Harvey. 2007. Other words, other worlds: Bilingual identities and literacy. In *Literacies in childhood: Changing views, challenging practice*, eds. L. Makin, C. Jones-Diaz, & C. McLachlan, 203–216. Marrickville, NSW: Elsevier Australia.

Juel, C. 2006. The impact of early school experiences on initial reading. In *Handbook of early literacy research*, vol. 2, eds. D.K. Dickinson & S. Neuman, 410. New York: Guilford.

Katz, L., & T. Schery. 2006. Including children with a hearing loss in early childhood programs. *Young Children* 61 (1): 86–95.

Lally, R., & P. Mangione. 2006. The uniqueness of infancy demands a responsive approach to care. *Young Children* 61 (4): 14–20.

Lancaster, L. 2002. Staring at the page: The functions of gaze in a young child's interpretation of symbolic forms. *Educational Administration Abstracts* 37 (2): 143–276.

Long, G.E., & D. Volk, eds. 2004. *Many pathways to literacy: Young children learning with siblings, grandparents, peers and communities*. New York: Routledge Farmer.

Magee, J., & E. Jones. 2004. Leave no grown-up behind—Coming to terms with technology. *Young Children* 59 (3): 13–20.

Makin, L. 2006. Literacy 8–12 months: What are babies learning? *Early Years: An International Journal of Research and Development* 26 (3): 267–277.

Makin, L., & M. Whitehead. 2004. *How to develop children's early literacy—A guide for professional careers and educators.* London: Paul Chapman.

McCain, M., & F. Mustard. 1999. *Early years study: Reversing the real brain drain.* Final Report to Government of Ontario, Toronto, Canada.

McNaughton, S. 2007. Co-constructing expertise: The development of parents' and teachers' ideas about literacy practices and the transition to school. *Journal of Early Childhood Literacy* 1 (1): 40–58.

Milne, R. 2005. Why do we all love stories? *Clearing House: FKA Children's Services Newsletter* 56 (February).

Mitchell, L.C. 2004. Making the most of creativity in activities for young children with disabilities. *Young Children* 59 (4): 46–49.

Neuman, S.B. 2006. Literacy development for infants and toddlers. In *Learning to read the world: Language and literacy in the first three years,* eds. S.E. Rosenkoetter & J. Knapp-Philo, 275–290. Washington, DC: Zero to Three.

Neuman, S.B., C. Copple, & S. Bredekamp. 2000. *Learning to read and write: Developmentally appropriate practices for young children.* Washington, DC: NAEYC.

Paley, V. 2001. *In Mrs. Tully's room: A childcare portrait.* Cambridge, MA: Harvard University Press.

Papadaki-D'Onofrio, E. 2003. Bilinguliasm/multiculturalism and language acquisition theories. *Child Care Information Exchange* September/October: 46–50.

Parlakian, R. 2003. *Before the ABCs: Promoting school readiness in infants and toddlers.* Washington, DC: Zero to Three.

Pruitt, David B., ed. 2000. *Your child: Emotional, behavioral, and cognitive development from birth through preadolescence.* New York: HarperResource.

Puckett, M., & J. Black. 2007. *Understanding infant development.* St. Paul, MN: Redleaf Press.

Purcell-Gates, V. 1996. Stories, coupons, and the TV guide: Relationships between home literacy experiences and emergent literacy experiences. *Reading Research Quarterly* 31 (4): 406–428.

Rinaldi, C. 2004. The relationship between documentation and assessment. *Innovations in Early Education: The International Reggio Exchange* 11 (1): 1–17.

Rinaldi, C. 2006. *In dialogue with Reggio Emilia: Listening, researching and learning.* London: Routledge.

Rochat, P. 2004. Emerging co-awareness. In *Theories of infant development,* eds. G. Bremner & A. Slater. Oxford, England: Blackwell.

Rogoff, B. 2003. *The cultural nature of human development.* London: Oxford University Press.

Schickedanz, J. 1999. *Much more than the ABCs: The early stages of reading and writing.* Washington, DC: NAEYC.

Seeger, P., & P. Dubois-Jacobs. 2000. *Pete Seeger's storytelling book.* New York: Harcourt.

Shelov, S.P, & R.E. Hannemann. 2004. *Caring for your baby and young child: Birth to age 5.* Rev. ed. New York: Bantam Books.

Shonkoff, J., & D.A. Phillips, eds. 2000. *From neurons to neighborhoods: The science of early childhood development.* A report of the National Research Council. Washington, DC: National Academies Press.

Shore, R. 1997. *Rethinking the brain: New insights into early development.* New York: Families and Work Institute.

Siraj-Blatchford, I., & P. Clarke. 2000. *Supporting identity, diversity and language in the early years.* Berkshire, England: Open University Press.

Smith, F. 2007. Peace building—The power of ECE. *Exchange Every Day* (July/August). Online: http://www.childcareexchange.com/eed/.

Sulzby, E., & W. Teale. 1991. Emergent literacy. In *Handbook of reading research,* vol. 2, eds. R. Barr, M.L. Kamil, P.B. Mosenthal, & P.D. Pearson. New York: Longman.

Volk, D., & S. Long. 2005. Challenging myths of the deficit perspective: Honoring children's literacy resources. *Young Children* 60 (6): 12–19.

Zable, A. 2002. *The Fig Tree.* Melbourne, AU: The Text Publishing Company.

Zambo, D., & C.C. Hansen. 2007. Love, language, and emergent literacy. *Young Children* 62 (3): 32–37.

Zeece, P.D. 2003. The personal value of literature: Finding books children love. *Early Childhood Education Journal* 31 (3): 133–138.

國家圖書館出版品預行編目資料

從搖籃曲到幼兒文學──零歲到三歲的孩子與故事／
Jennifer Birckmayer, Anne Kennedy, Anne Stonehouse 著；
　葉嘉青編譯． -- 初版． -- 臺北市：心理，2010.03
　　面；　公分． --（幼兒教育系列；51141）
　參考書目：面
　譯自：From lullabies to literature: stories in the lives of
infants and toddlers
　ISBN 978-986-191-356-8（平裝）

　1. 說故事　2. 學前教育

　523.2　　　　　　　　　　　　　　　　　99003643

幼兒教育系列 51141

從搖籃曲到幼兒文學──零歲到三歲的孩子與故事

作　　　者：Jennifer Birckmayer、Anne Kennedy、Anne Stonehouse
編 譯 者：葉嘉青
執 行 編 輯：林汝穎
總 編 輯：林敬堯
發 行 人：洪有義
出 版 者：心理出版社股份有限公司
地　　　址：台北市大安區和平東路一段 180 號 7 樓
電　　　話：(02) 23671490
傳　　　真：(02) 23671457
郵 撥 帳 號：19293172 心理出版社股份有限公司
網　　　址：http://www.psy.com.tw
電 子 信 箱：psychoco@ms15.hinet.net
駐 美 代 表：Lisa Wu（Tel: 973 546-5845）
排 版 者：葳豐企業有限公司
印 刷 者：正恒實業有限公司
初 版 一 刷：2010 年 3 月
Ｉ Ｓ Ｂ Ｎ：978-986-191-356-8
定　　　價：新台幣 300 元